LA MIGRACIÓN SENEGALESA EN BUENOS AIRES EN EL SIGLO XXI

LA MIGRACIÓN SENEGALESA EN BUENOS AIRES EN EL SIGLO XXI

Un proceso de vinculación entre el continente africano y el Cono Sur

Lina Fernanda Sánchez Alvarado

ISBN: 9789584826053

Las opiniones y los contenidos incluidos en esta publicación son responsabilidad exclusiva del/los autor/es.

Compaginado desde TeseoPress (www.teseopress.com)

Índice

Resumen 9
Summary 11
Dedicatoria y agradecimientos 13
Introducción 15
1. Delimitaciones teóricas y marco metodológico 17
2. Las redes migratorias 59
3. Migrantes transnacionales 131
4. El capital social 185
Conclusiones 199
Bibliografía 211

Resumen

En el marco de la teoría de las redes migratorias y bajo una mirada etnográfica de las migraciones, este trabajo describe la conformación y el funcionamiento de tres redes migratorias del colectivo senegalés en Buenos Aires. A su vez da cuenta de la heterogeneidad de este grupo a través de sus pertenencias étnicas, religiosas y territoriales.

Estas conexiones que generan los migrantes y que reconstruye esta investigación, permitieron conocer los proyectos migratorios de los senegaleses entre los que se evidencia "voluntad de arraigo", "voluntad de movilidad" o simplemente la existencia de un proyecto transnacional. Alejándose de esta manera de teorías que consideran a los migrantes como unidades económicas o que atañen las razones de la migración a decisiones individuales sobre costo-beneficio.

Es a partir de estas redes que los migrantes desarrollan sus prácticas sociales, religiosas y culturales y a raíz de las cuales éstas tienen vida y logran conexiones que trascienden las fronteras. Los senegaleses en Buenos Aires son migrantes transnacionales que desarrollan su vida entre un origen y un destino. Y es de la intensidad de estos lazos que se deriva la diversidad de trayectos migratorios y procesos de inserción.

No todos los lazos ni conexiones son iguales, algunos permiten el acceso a un capital social que puede mejorar las diversas etapas del proyecto migratorio, mientras que otros son más limitados y están mediados por relaciones económicas. Este trabajo consideró el capital social que circula en estas redes como las estrategias que despliegan los migrantes para movilizar recursos e incorporarlos en su proceso migratorio.

Summary

By parting from the Migratory Networks Theory and by using an ethnographic approach, this research describes three Senegalese migratory networks in Buenos Aires, their origins and their way of functioning. In this sense, this paper addresses these migrants as a heterogeneous group with different ethnic, religious and territorial belongings.

The connections created between these migrants, allow observing their migratory projects. Hence, these projects allow observing how some migrants desire to settle in the country, while others opt for mobility between Argentina and Senegal. Likewise, while for some of them the final goal is to achieve family regrouping in Argentina, for others, is to develop their life having a transnational family. From this perspective, this paper intends to stand away from theories that consider migrants as economic units; or from other theories which consider migration as a group of individual decisions based on cost-benefit relations.

These networks are the base from which migrants develop their social, religious and cultural habits; while allowing them to establish connections that transcend national borders. Senegalese living in Buenos Aires are transnational migrants that have built their lives between origin and destination. Their networks are not the same and have different kinds of intensity; mainly related to the variety of migratory journeys and to the insertion processes they've experienced.

Not all the connections and bonds are similar. While some allow migrants to develop social capital for improving the different phases of their migratory journeys; other rather depend on economic relations. This research understands social capital among these networks as a series of strategies that migrants have to mobilize resources and to make them part of their migratory processes.

Dedicatoria y agradecimientos

A los cuatro seres que iluminan mi vida: Aleja, Fer, Nadia y Alcira. Por la compañía y el apoyo en este viaje emprendido.
A todos y cada uno de los senegaleses de las redes que me permitieron conocer un poco de ellos. A Awá, a Nibu, a Bob, a Azul y a todos los demás, gracias por dejarme entrar en sus vidas.
Y sin duda a la Dra. Bernarda Zubrzycki, mi directora de tesis, por su paciencia, dedicación y fe en mí.

Introducción

Esta investigación y su indagación teórica parte de considerar la migración como un derecho humano, así como lo considera la reciente Ley de Migraciones No. 25871 de la Argentina, que fue sancionada en el 2003 y reglamentada en el 2010: "un derecho esencial e inalienable de la persona", (Maferra, 2011).

Bajo este panorama, el proceso migratorio que se analiza tiene además como marco el concepto de migración con dos componentes: considerar la migración como un desplazamiento que implica un cambio de residencia, de un lugar de origen a uno de acogida y que conlleva el traspaso de divisiones geográficas administrativas al interior o entre países (Oso, 1998; citado en Micolta, 2005) y en una segunda instancia, un desplazamiento que implica también un cambio de entorno físico y social (Blanco, 2000; citado en Micolta, 2005).

Además, en el marco de las migraciones internacionales, esta investigación comparte el enunciado de Lelio Mármora en el que asegura que no existe desarrollo sostenible sin desarrollo humano: y que "no hay desarrollo humano sin libertad humana. No hay libertad humana si las fronteras no logran transformarse, de barreras en puntos de convergencia e integración" y de esta manera ni la economía ni las comunicaciones pueden ser sostenibles en espacios nacionales cerrados y en este caso, tampoco las migraciones (Mármora, 2003).

Se reflexiona, además, siguiendo los estudios de las migraciones que iniciaron los autores W.I Thomas y Florian Znanieccki, con su libro "The Polish peasant in Europe and America" (1918-1920). Una tendencia que según Micolta

(2005) se centra en las consecuencias psicosociales de la migración y considera que esta debe ser analizada desde los factores culturales y psicosociológicos.

De esta manera, con el fin de analizar la migración internacional desde los procesos sociales, delimitamos aún más el marco en el que se estudia: se pretende analizar la situación de la migración senegalesa en Buenos Aires, teniendo como guía la teoría de las redes sociales. Una teoría que se centra en las conexiones que establecen los migrantes tanto en los lugares destino como origen.

Es de esta manera como se construyen tres redes de migrantes senegaleses en Buenos Aires y a través de las cuales se describirán proyectos migratorios, pertenencias étnicas, religiosas, territoriales y vínculos fuertes y débiles. Además describiremos conceptos como transnacionalismo y las prácticas que hacen de ellos ser migrantes transnacionales y que los plantea como migrantes que están en destino, pero que están conectados con el origen.

Gracias a la descripción de estas redes también intentaremos comprender su "voluntad de arraigo", "voluntad de movilidad" o, por el contrario, una "voluntad" de mantener una existencia transnacional.

Por último, bajo el concepto del capital social, describiremos esas estrategias para movilizar recursos, obtenerlos y de esta manera incorporarlos para mejorar sus trayectos o adaptaciones migratorias a los destinos.

1

Delimitaciones teóricas y marco metodológico

1. Delimitaciones teóricas

Este capítulo pone en perspectiva los conceptos teóricos y metodológicos en los que se basó esta investigación. Por esta razón, este capítulo abarca la definición de conceptos como migración, transnacionalismo, redes migratorias, capital social y circuitos migrantes transnacionales; como los soportes teóricos que permitieron el desarrollo de este trabajo.

Luego, se desarrollaron los conceptos metodológicos que marcaron la pauta en la elaboración del trabajo: etnografía, métodos cualitativos y por supuesto, una descripción de las diferentes perspectivas y debates que ha suscitado el método de recolección de datos, que se trabajó en este proyecto: las historias de vida.

En tercer lugar se hizo un breve estado del arte sobre los estudios de migración africana en la Argentina, los aspectos y temáticas abordadas y los académicos involucrados; lo que permitirá dar luces sobre por qué se escogió ese tema, bajo el marco teórico anteriormente desarrollado.

1.1 Las migraciones

Micolta (2005) enmarcó las redes sociales dentro de las teorías sobre la perpetuación de los movimientos migratorios. Un grupo de teorías que explican la migración desde la perdurabilidad de las mismas "bajo su dimensión social y colectiva" y que se dividen en dos grupos:

El primer grupo asocia la perdurabilidad o el cese de la migración al proyecto migratorio y considera la misma como una experiencia fundamental en la vida de las personas, con un carácter definitivo. De hecho, "el retorno es considerado un residuo de experiencias individuales de fracaso". Mientras que el segundo grupo consideró la migración como un elemento transitorio en la vida de las personas, relacionado con "la búsqueda de objetivos concretos que permiten mejorar la situación en su tierra de origen"; a diferencia del anterior grupo "el retorno es todo un éxito", (Micolta, 2005).

A este último grupo pertenece la teoría de las redes sociales, resaltando que son precisamente esas redes las que influyen en la decisión de retornar o permanecer: "la existencia de esos lazos de parentesco pueden bajar los costos, elevar los beneficios y mitigar los riesgos de los desplazamientos", (Micolta, 2005). Es así como del grado de inserción de los migrantes en estas redes va a depender el carácter duradero de las corrientes migratorias (Portes y Böröccz, 1998).

Es este cúmulo de redes de parentesco en los lugares de origen y destino, el que se denominó capital social, que es finalmente lo que le permite al migrante insertarse de una manera diferente en el país de llegada.

La teoría de las redes sociales y su marco, las teorías sobre la perpetuación de los movimientos migratorios, se alejaron de los grupos de teorías que analizan los migrantes como unidades económicas: los migrantes como una necesidad para ocupar puestos que los nativos no ocupan (teoría del mercado fragmentado), o como un flujo de mercancía clave desde los países dependientes hacia los países dominantes (teoría marxista de la acumulación capitalista) o la planteada por la teoría del sistema mundial, que expone la migración como un efecto de la globalización de la economía del mercado.

También se alejaron de las primeras teorías que intentaron reflexionar sobre las migraciones internacionales y que las relacionaron directamente con decisiones personales: la neoclásica, que surgió en la segunda mitad del Siglo XX, y que consideró que la migración respondía a decisiones individuales sobre costo-beneficio y una segunda, de los factores push-pull que atribuyó la migración a una serie de factores que empujan (push) a abandonar el lugar de origen por mejores condiciones en otro lugar; factores que terminan ejerciendo una fuerza de atracción (pull).

1.2. La diversificación de redes y cadenas

Como antecedentes al enfoque de las cadenas migratorias en el campo de las ciencias sociales, Pedone (2010) citó el trabajo de la antropología británica y la sociología estadounidense: la primera reconstruyó la dinámica del tejido de relaciones interpersonales y la segunda, de abordaje estructuralista, dio prioridad al estudio de contexto nominalista, obviando los procesos históricos y políticos. Trabajos que se concentraban en mayor grado en las migraciones internas.

A partir de la crisis del paradigma positivista y del inicio de los estudios de la microhistoria, surgió en los años 80 un enfoque microanalítico en el que se insertaron los estudios de las redes migratorias. De esta manera, se empezó a reflexionar sobre el migrante no como una masa inerte que se deja llevar por las fluctuaciones del capitalismo, sino como "sujetos activos capaces de formular estrategias de supervivencia y readaptación en contextos de cambios estructurales", (Devoto, 1992:96).

Massey, Arango, Hugo, Kouaouchi, Pellerino y Taylor (1998) definieron las redes migratorias como el conjunto de vínculos interpersonales que conectan a los migrantes y no migrantes con su lugar de origen y destino a través de lazos de amistad, comunidad o parentesco. De acuerdo a este concepto, los lazos bajan los costos, elevan los beneficios y mitigan los riesgos del movimiento internacional.

Claudia Pedone (2010) hizo una diferenciación entre tres conceptos próximos: las cadenas, las redes migratorias y los campos transnacionales: La cadena migratoria la definió como la transferencia de información y apoyos materiales que familiares o allegados ofrecen a potenciales migrantes para decidir o concretar su viaje (Mc Donald, 1964; Malgesini, Giménez, 1997) Mientras que las redes migratorias las definieron como estructuras sociales mayores que trascienden los límites geográficos, con carácter transnacional.

Siguiendo estos conceptos, reconocer la existencia de relaciones familiares, políticas, económicas, sociales que mantienen los vínculos entre la sociedad de origen y de destino, construyen lo que Glick Schiller (1995) y Suárez Navas (2008) llamaron campos sociales transnacionales. En otras palabras, vínculos que mantienen las redes migratorias y la transmisión de información de la cadena migratoria.

> "De este modo, el enfoque de cadenas y redes migratorias es útil para realizar estudios más dinámicos y para reconstruir procesos sociales dejados de lado por otras perspectivas acerca de las migraciones y así, superar las aproximaciones estáticas, abstractas y simplificadoras…". Al final, "vinculan poblaciones de la sociedad de origen y de llegada y trascienden a los actos individuales" (Pedone, 2002).

Según García Abad (2001), la perspectiva de las redes migratorias estudió el papel de las mismas en la toma de decisiones individuales y familiares para migrar, la transmisión de información, las relaciones que se generan entre los lugares de destino y llegada antes y después de la migración, el patrón migratorio y su perdurabilidad. La autora reconoció la dificultad metodológica que plantea la teoría al medir y analizar las cadenas migratorias y en especial para calcular su grado de responsabilidad en el establecimiento del flujo migratorio.

En las ciencias sociales latinoamericanas, Claudia Pedone (2010) se ha destacado por su trabajo sobre la reconstrucción de las redes y cadenas migratorias de los ecuatorianos en España. En sus textos y citando a Piselli (1995), Ramella (1995) y Malgesini (1998) aseguró que "utilizar el enfoque de cadenas y redes de manera metafórica ha conducido a repetir estereotipos que se expresan en afirmaciones tales como que las redes reducen los costos de la inmigración, debido a que suministran información, vivienda y trabajo", (Pedone, 2010).

Pedone (2010) señaló la importancia de darle una mirada un poco más amplia a la idea de que esa acumulación de recursos sociales que generan los migrantes a partir de las redes, incentiva el flujo migratorio e invitó a reflexionar sobre las relaciones de horizontalidad y verticalidad que se dan dentro de estas relaciones.

Entendiendo a las relaciones de horizontalidad como las que se basan en la lealtad, solidaridad y cooperación y que están conformadas por amigos y parientes. Por otro lado, las redes que se articulan verticalmente "están definidas por la desigualdad en las relaciones y jerarquía que ocupan los migrantes dentro de la cadena, por diversos actores que detentan el poder", (Pedone, 2010). Por esto, la autora hace hincapié en cómo estas relaciones al verticalizarse, convierten a esta información y contactos, en un valor económico en manos de unos pocos.

Otro de los aportes de la teoría de las redes migratorias es que la articulación de estas redes permite superar la dicotomía entre el lugar de partida y de llegada y reflexionar sobre la red de lugares que pueden generar las personas al emigrar. De hecho Pedone (2002) señaló que el contexto político internacional actual genera una especificidad en el tipo de dinámica y diversificación de la red.

> "Uno de los principales errores teóricos ha sido pensar los movimientos migratorios internacionales, en términos bipolares... el hecho de que los migrantes puedan orientar su vida en dos ámbitos geográficamente distantes ha dado origen a un espacio transnacional conectado por fuertes redes sociales; este circuito migratorio constituirá una comunidad transnacional" (Rouse, 1992).

Ese estrecho vínculo de las redes y su diversificación con el contexto actual, aproxima el trabajo aquí realizado al concepto de transnacionalismo. Una perspectiva de las migraciones internacionales que permitió analizar, en el contexto de la globalización, el conglomerado de relaciones que generan los migrantes a través de las fronteras y las complejas redes que forman en distintos ámbitos: económicos, políticos, sociales, entre otros. Redes en lugares de origen y destino que terminan cuestionando las nociones de sociedad y territorio y construyéndose en espacios transnacionales.

1.3 Los desafíos del transnacionalismo

El transnacionalismo es una de las perspectivas más recientes de las ciencias sociales para analizar las migraciones internacionales. Una visión que consideró desde un principio Alejandro Portes como un fenómeno de bases, del que solo podría hablarse cuando se registrara cierta regularidad en las prácticas transnacionales de los migrantes (Solé, Parella y Cavalcanti, 2008 (Citado en Moraes, 2010)).

El transnacionalismo es una teoría que da respuesta a la situación del migrante que se mueve en el país de destino, pero que conserva lazos con su país de origen. Se mueve entre ambas realidades y en este caso cuestiona la tradicional teoría de asimilación con la que por años se analizó el fenómeno migratorio.

> "Cuestiona el positivismo estructuralista y funcionalista materializado en los modelos asimilacionistas y aculturalistas de la migración dominantes en Estados Unidos a través de la militancia xenófoba" (Huntington S.P, 2005).

Rompe con el modelo asimilacionista (Melting pot) estadounidense que describía a la sociedad o el país de destino como una esponja que absorbía a migrantes y minorías, que terminaba asimilando la identidad y cultura del país de destino.

Hasta los años 70, las disciplinas sociales estuvieron restringidas por limitadas categorías de análisis social y estuvieron dominadas por modelos estáticos durante décadas: de esta manera, "los análisis de poblaciones inmigrantes, sus patrones de relaciones sociales y sistemas de significado, siguen estando intrincados en teorías que se aproximan a cada sociedad como entidades independientes y limitadas" (Glick-Schiller, Basch y Blanc-Szanton, 2005).

Otros análisis a nivel global vieron al sistema capitalista mundial como una unidad de análisis y basaron sus estudios en la teoría del sistema mundo de Immanuel Wallerstein:

> "Gran parte del análisis del sistema mundo se ha enfocado en el aspecto económico del sistema... lo que ha llevado a considerar a los migrantes esencialmente como unidades de trabajo" (Glick-Schiller, Basch y Blanc-Szanton, 2005).

Sin embargo, en las últimas décadas esa mirada transnacional de las migraciones internacionales permitió analizar al migrante dentro de un contexto o dimensión social, cultural e incluso político. De esta manera, el transnacionalismo se consideró como una perspectiva teórica-analítica que se centró en los vínculos sociales, políticos y culturales que aún conservan los migrantes con el país de origen. Una mirada de los años 90 y que de acuerdo a Glick-Schiller, Basch y Blanc Szanton (2005) fue producto del capitalismo mundial:

Teniendo como premisa que el mundo está articulado por un sistema global capitalista, las autoras ubican el surgimiento del transnacionalismo con las transformaciones en la estructura del empleo que enfrentaba Estados Unidos en los años 80, por consecuencia de la creciente internacionalización del capital.

Durante los años 80 en los Estados Unidos los trabajos de las fábricas se reemplazaron por las empresas de servicio; y en el tercer mundo llegaron las grandes industrias, lo que generó una fuerza laboral desplazada y desempleada. "Estos trastornos aumentaron la migración, pero dificultaron a los migrantes la construcción de bases culturales, sociales o económicas seguras dentro de ese nuevo contexto", (Glick-Schiller, Basch y Blanc Szanton, 2005).

Las autoras señalaron que esta vulnerabilidad del nuevo migrante aumentó la probabilidad de que estos construyeran una existencia transnacional y esto hizo que las migraciones internacionales se miraran desde otra óptica: el transnacionalismo.

Los teóricos que han venido trabajando el tema definieron al transnacionalismo como las relaciones personales de tipo material y simbólico que conectan a las sociedades a través de las fronteras nacionales. "Conexiones que afectan a más de un Estado-nación y suelen ser generadas desde abajo por la migración humana (Glick –Schiller, Basch y Blanc, 1992; Basch, Glick Schiller y Blanc, 1994; Portes, 1996; Smith y Guarnizo, 1998), los movimientos sociales (Smith, Chatfield y Pagnucco, 1997; Tarrow, 1998) y las organizaciones no gubernamentales" (Keck y Sikkunk, 1998, Bol y Thomas, 1999; citado en Portes y Landolt, 2004).

Smith, M. y Guarnizo, L.E. (1999) advirtieron que el concepto de transnacionalismo ha sido utilizado con ambigüedad y eso hace que corra el riesgo de convertirse en un concepto vacío. Moctezuma (2008) citó por ejemplo la relación entre transnacionalismo y globalización, que refuerza la idea de desaparición de las fronteras, "enalteciendo las perspectivas de inserción de los migrantes en la sociedad de destino y perdiendo la riqueza que implica la simultaneidad de las prácticas".

Por eso, Moctezuma separó dos conceptos: transnacionalismo como referencia de las relaciones de identidad y pertenencia y la transnacionalidad aludiendo a las prácticas sociales. De ambos aseguró que son conceptos cuestionables, cuando el transnacionalismo se asocia con la desaparición del Estado-Nación y cuando la palabra transnacionalidad se relaciona con la desterritorialización de las prácticas sociales (Moctezuma, 2008).

Pero la existencia de estos transmigrantes no solo ha hecho que los teóricos reflexionen sobre la reconceptualización de conceptos como el Estado-Nación, sino autoras como Glick-Schiller, Basch, Blanc-Szanton (2005) hacen hincapié en la necesidad de hacer lo mismo con conceptos como cultura y sociedad y de esta manera repensar nociones de raza, etnicidad y nacionalismo.

> "El desarrollo del transnacionalismo desafía nuestras formulaciones actuales sobre proyectos nacionalistas ¿los transmigrantes continuarán participando en construcciones nacionalistas que contribuyen con la hegemonía de las clases dominantes en cada Estado-Nación mientras vivan vidas que atraviesan las fronteras nacionales?" (Glick-Schiller, Basch, Blanc-Szanton, 2005).

Uno de los avances de esta teoría tuvo que ver con la afirmación de la existencia de campos sociales transnacionales en los que se mueven migrantes y no migrantes y que abarcan dimensiones políticas, económicas y culturales. También se empezaron a establecer categorías como las redes migratorias y los circuitos migrantes transnacionales.

> "Campo social como un conjunto de múltiples redes entrelazadas de relaciones sociales, a través de las cuales se intercambian de manera desigual, se organizan y transforman las ideas, las prácticas y los recursos" (Basch, Glick-Schiller y Szanton, 1994).

Siguiendo estos planteamientos, las académicas resaltaron las formas de ser y de pertenecer de los migrantes dentro de estos campos sociales transnacionales (Levitt, Glick-Schiller, 2004). Las primeras relacionadas con las relaciones y prácticas sociales y la segunda, con las prácticas que apuntan a una identidad: quienes demuestran un contacto consciente a un grupo específico.

Nuevos desarrollos de esta mirada transnacional plantearon, a partir de estudios de caso, como el transnacionalimo y la asimilación no son dos fenómenos contradictorios. De hecho, Portes, Escobar y Renelinda (2008; citado en Moraes Mena, 2010) quienes trabajaron en la experiencia de migrantes colombianos, dominicanos, mexicanos y salvadoreños en Estados Unidos, dijeron:

> "No existe una contradicción entre el mantenimiento de vínculos fuertes con el país de origen y la incorporación e integración de los migrantes en Estados Unidos. Por el contrario, los estudios realizados muestran cómo no sólo transnacionalismo y asimilación no son dos fenómenos contrapuestos sino que más bien, son justamente aquellos migrantes que podrían concebirse como más integrados los que desarrollan prácticas transnacionales más variadas y regulares" (Moraes Mena, 2010: 293).

Sinatti (2008), en el aspecto metodológico, reflexionó sobre la importancia de que quienes desarrollen investigaciones que involucren una mirada transnacional, cuestionen las localizaciones de sus trabajos: "Las prácticas transnacionales influyen tanto en los que migran como en los que no lo hacen y destaca un aspecto pocas veces tenido en cuenta, el papel que tienen los autóctonos en el campo migratorio transnacional".

Siguiendo a las autoras Glick Schiller, Basch y Blanc-Szanton (2005) una de las premisas para conceptualizar el transnacionalismo se relacionó con la situación de simultaneidad y con esto, debieron lidiar con diversos contextos hegemónicos, que "terminaron transformando mediante sus interacciones y resistencia".

Esta última afirmación se relacionó directamente con una de las convergencias teóricas de quienes estudian esta nueva perspectiva:

> "El transnacionalismo de los inmigrantes tiene consecuencias macrosociales... mientras que desde una perspectiva individual, el acto de enviar una remesa o viajar al país de origen tiene una consecuencia puramente personal, cuando estas acciones son agregadas pueden modificar la suerte y la cultura de estas ciudades e incluso de los países de los que forman parte" (Portes y Landolt, 2004).

Esta reciente migración internacional y la óptica bajo la cual se estudia ahora, también demuestra reformulaciones de los Estados Nación. Levitt y Glick-Schiller (2004) clasificaron en tres los estados, de acuerdo a sus funciones cambiantes: Estados nacionales transnacionales (tratan a sus emigrantes como miembros a largo plazo y distancia), Estados estratégicos y selectivos (administran de manera selectiva y estratégica lo que los inmigrantes pueden hacer o no) y los estados desinteresados y denunciantes (tratan a los migrantes como si ya no pertenecieran a su territorio).

En el texto anteriormente citado (Levitt y Glick-Schiller, 2004), las autoras destacaron la importancia de reformular el concepto de sociedad y otros conceptos, en los estudios de migración transnacional. Sin embargo, para esto aseguraron que se requieren nuevas herramientas metodológicas y conceptuales en el marco de que las ciencias sociales de los Siglos XIX y XX estuvieron ligadas a proyectos de crear estados nación modernos, que "impiden ampliar y enriquecer la capacidad de percibir los procesos transnacionales".

> "Necesitamos nuevas ópticas analíticas que iluminen los procesos sociales que atraviesan fronteras. Requerimos inéditas categorías analíticas que no bloqueen la vista ante estas formas sociales emergentes", formas sociales y realidades que como indican las autoras "ya no pueden entenderse tan solo con mirar lo que sucede dentro de las fronteras nacionales" (Levitt y Glick-Schiller, 2004).

Precisamente, el concepto de circuito migrante transnacional que definió Rouse (1991 y 1996; citado en Imaz, 2006) coincide con la afirmación anterior de Levitt y Glick-Schiller. Un concepto que se constituyó a partir de la circulación de dinero, información, bienes y personas e incluso diversos lugares por los que pasan los migrantes (espacios geográficos y sociales) y que constituyeron al final una comunidad extendida.

> "Este concepto además de servir como unidad de análisis, es también una estrategia de recolección de datos que incluye captación de información acerca de diversas actividades en diferentes lados de las fronteras nacionales" (Imaz, 2006).

De hecho, el circuito migrante transnacional fue una manera de reflexionar acerca de esa migración que se da entre lugares y comunidades con formas de vida distintas y las relaciones que se generan. Relaciones socioespaciales que se estudiaron a través de la formación de redes, cadenas y circuitos que implica a su vez la relación entre lugares, bienes simbólicos y todas las conexiones que se tejen entre estas (Rivera, 2012).

Rivera (2012) agregó además en su propuesta de circuito migratorio complejo para analizar las migraciones involucrar redes sociales, prácticas translocales y transnacionales, que al final contribuyen "a crear o a transformar lugares geográficos en lugares simbólicos de encuentro e intercambio y así dibujar persistentemente, a través de estos flujos, la figura del circuito" (Rivera, 2012: 34).

1.4 El capital social

De esa mirada transnacional de las migraciones internacionales o su interpretación a través de la teoría de las redes, también surgió el concepto de capital social. Entendiendo este último como "la habilidad para adquirir recursos gracias a la pertenencia a redes o a grandes estructuras sociales", (Portes y Landolt, 2004).

Siguiendo a los anteriores autores este concepto albergó la promesa de una alternativa de base frente a las políticas jerárquicas promovidas en el pasado por instituciones financieras internacionales. Un "contrapeso al individualismo irrestricto del mercado", (Putnam, 1993, 1995; Citado en Portes y Landolt, 2004: 150).

Un concepto que empezó a ser desarrollado por Pierre Bourdieu y James Coleman, quienes se concentraron en los beneficios que recibían los individuos gracias a sus lazos con otros. De estas nociones, Massey aseguró que las redes migratorias pueden ser vistas como una forma de capital social, "en la medida en que se trata de relaciones sociales que permiten el acceso a otro bienes de importancia económica tales como el empleo o mejores salarios" (Massey, Alarcón, Durand y González 1987).

Sin embargo, la definición actual de capital social da por sentado que las redes llevan a la consecución de recursos. Frente a esto Portes y Landolt (2004) explicaron que la fuerza poderosa del capital social en los proyectos grupales más que estar centrada en los recursos mismos, tiene que ver con la habilidad para ordenarlos a través de sus redes sociales.

En una segunda instancia, el capital social pudo vincularse con consecuencias positivas para esas redes sociales, obviando las consecuencias negativas que lleva implícitas.

En este caso se trató de que esos mismos lazos de las redes sociales que permitieron que algunos accedieran a información, recursos o activos, impidieron que otros (que no hicieron parte de las redes) tuvieran acceso a estos beneficios.

Continuando con el trabajo de Portes y Landolt(2004), esta investigación también detectó las fuentes de ese capital social. El autor, en este caso, distinguió entre dos fuentes: las altruistas y las instrumentales. De las primeras (altruistas) resaltó la existencia de dos: La introspección de valores y la solidaridad vinculada; mientras que de la instrumental las clasificó en reciprocidad simple y confianza exigible.

La introspección de valores hizo referencia al otorgamiento de recursos a otros sin obligación moral: "Estos gestos están basados en valores interiorizados por los individuos durante el proceso de socialización". Por otro lado, la solidaridad vinculada se relacionó con el otorgamiento de recursos a otros basado en lealtades particulares hacia el interior del grupo, sin que existiera solidaridad entre personas que hacen parte de una comunidad, etnia o religión (Portes y Landolt, 2004: 164).

Dentro de las instrumentales, apareció en primer lugar la reciprocidad simple, para clasificar "las transacciones recíprocas cara a cara que traen consigo la expectativa de un reembolso equivalente por parte del beneficiado" (Portes y Landolt, 2004). En segundo lugar se ubicó la confianza exigible e hizo referencia a la transacción de recursos que hicieron parte de estructuras sociales, garantes de un reembolso para los donantes por parte del beneficiado o de la comunidad.

2. Marco metodológico

Con el fin de comprender e interpretar la realidad social desde la perspectiva de los actores, este trabajo se desarrolló bajo un marco metodológico cualitativo. Un marco que permitió acercarse de manera más detallada a las redes investigadas y de esta manera considerar a los migrantes senegaleses como sujetos de estudio y no como objetos de estudio.

La metodología cualitativa y específicamente etnográfica permitió, siguiendo a Clifford Geertz, "desentrañar las estructuras de significación" que construyen los migrantes senegaleses en Buenos Aires, a través de sus redes y de su cotidianidad. Este autor aseguró que la etnografía es "descripción densa" y que lo que el etnógrafo encara "es una multiplicidad de estructuras conceptuales complejas que debe ingeniárselas para captarlas primero y para explicarlas después", (1992:6).

Precisamente, el desentrañar esas estructuras de conceptos, permitió que el trabajo de campo con los senegaleses esté más allá de una descripción superficial y sea más bien un desarrollo con contexto e interpretación, que es finalmente el objeto de la etnografía (Geertz, 1992:3).

Esta metodología cualitativa se alejó de la metodología usada por la escuela positivista de finales del Siglo XIX y primeras décadas del Siglo XX que se inclinaba por el uso de cuestionarios e inventarios, analizados estadísticamente o cuantitativamente. Esta escuela "buscaba los hechos o las causas de los fenómenos sociales, con independencia de los estados subjetivos de los individuos" (Quesedo y Castaño, 2002:4).

Volviendo a este camino cualitativo, definiremos las técnicas de recolección de datos y sus discusiones teóricas. Se intentará reflexionar alrededor de conceptos como el trabajo de campo, la observación participante, la entrevista y la historia de vida, para vislumbrar de qué manera serán aplicadas estas técnicas durante el desarrollo de esta investigación.

2.1. La reflexividad del trabajo de campo

Las primeras consideraciones del trabajo de campo definieron a este concepto como un medio para recolectar hechos como si fueran datos, desligados de la teoría y que además no debieron ser recogidos, en un primer momento, directamente por el investigador.

Esta visión surgió de dos escuelas: el evolucionismo y la histórico cultural que tenían un sentido de la historia que terminaban en modelo de sociedad europea occidental. Las otras poblaciones eran concebidas como "extrañas y salvajes, que debían incorporarse a la historia de la humanidad" (Guber, 2004:39).

Ambas escuelas antecedieron a la cuna positivista del trabajo de campo: "La Escuela de Cambridge", que reconsideró al investigador como recolector de los datos en el trabajo de campo e incluso resaltó las "bondades de ganarse la simpatía de los nativos" (Guber, 2004:39).

La perspectiva interpretativa consideró al trabajo de campo como una experiencia en la que el investigador se involucra e interactúa para revivir la cultura desde adentro. En palabras de Guber, el trabajo de campo se planteó como una experiencia sobre la cual se organiza el conocimiento (2004:49).

De esta manera, desde la antropología se empezó a construir el concepto de trabajo de campo como "la presencia directa del investigador en el lugar donde se encuentran los actores de la unidad sociocultural a estudiar" y el campo como un recorte de lo real reducido por el horizonte de las interacciones cotidianas entre el investigador y los informantes y que no está dado, sino que es construido de manera constante por ambos (Guber, 2004:83-84).

En este replanteamiento del concepto de trabajo de campo, la teoría fue también incluida por el investigador quien intentó reconocer y resignificar los conceptos teóricos en la interacción con la realidad y el contacto con los sujetos de estudio.

En esta instancia entró también a jugar importancia el concepto de reflexividad que resalta Guber (2004), como un componente vital en el trabajo de campo. La reflexividad como una instancia para pensar la teoría y lo real, las acciones y las prácticas, las nociones y las representaciones e incluso el sentido común del propio investigador.

> "En el trabajo de campo antropológico las técnicas ayudan a obtener información y sobre todo, a que esta información no sea etnocéntrica. Pero esto no se logra por decreto ni por declaración jurada, sino a través de un proceso de elaboración teórica personal, que encuentra en la reflexividad su mejor expresión" (Guber, 2004: 96).

En cuanto a los informantes, la reflexividad permitió detectar miembros de una unidad sociocultural que estén intentando forjar una imagen de sí mismos y que suele no coincidir con lo que son. También es útil para detectar momentos en que los informantes estén respondiendo de distinta manera debido a la presencia de un investigador o a la imagen que tienen ellos del mismo. Sin desconocer como aseguró Guber (2004:130) que el informante "es parte activa de un proceso social y que suministra información condicionada por su experiencia histórica".

En esta perspectiva más constructivista, Cohen (1984; Citado en Guber, 2004: 132) afirmó que la idea no es contar con una versión única de la cultura, sino indagar en los sistemas de significados o relaciones sociales de grupos o sectores: "Aprender el modo en que esas personas dan sentido a su mundo y viven en él".

2.2. La observación participante y la entrevista

Una de las herramientas primordiales dentro del trabajo de campo se relacionó con la técnica de la observación participante, como una manera que tiene el investigador de dar cuenta de los contextos de la población que se estudia, los escenarios en los que tienen lugar sus relaciones sociales y sus representaciones.

Rosana Guber resaltó dos características de la observación participante: la observación sistemática y controlada y como segunda, la participación, sumándose a actividades propias de la población estudiada. Sin embargo, ambas características han suscitado un permanente debate: algunos, desde la corriente positivista ven a estas dos como contrarias, mientras que otros las ven como complementarias. "Ni el investigador puede ser uno más entre sus informantes, ni su presencia puede ser tan exterior como para no afectar en modo alguno el escenario y a sus protagonistas", (Guber, 2004: 172-173).

Sin embargo, la anterior autora (Guber, 2004: 177) señaló la importancia del trabajo de campo más que como herramienta de obtención de información, como herramienta también de análisis, dentro de un proceso reflexivo. En el enfoque interpretativo, el investigador al dar cuenta de una cultura no solo debe explicarla, sino en especial comprenderla.

La entrevista, en este caso antropológica, es un complemento al trabajo de campo y va de la mano con el mismo en este proceso de construcción. Y es la construcción de este conocimiento social la que debe iniciarse con el reconocimiento de esos prejuicios, que suelen confundirse con el "conocimiento de primera mano".

> "Al plantear sus preguntas, el investigador establece el marco interpretativo de las respuestas, es decir, el contexto donde lo verbalizado por los informantes tendrá sentido para la investigación y el universo cognitivo del investigador. Comprender los términos de una cultura o de un grupo social, la perspectiva del actor, consiste en reconocer que el de los informantes es un universo distinto del mundo del investigador" (Guber, 2004:207).

Para este procedimiento, la entrevista antropológica no dirigida se valió de tres procedimientos: la atención flotante del investigador, la asociación libre del informante y la categorización diferida del investigador.

La atención flotante en este caso hizo referencia a una forma de indagar lejos del cuestionario habitual, "un modo de escuchar que consiste en no privilegiar de antemano ningún punto del discurso". De esta manera, "los informantes introducen sus prioridades en formas de tema de conversación y prácticas atestiguadas por el investigador, en modos de recibir preguntas y de preguntar" (Asociación libre del informante). El investigador debe permanecer atento para interpretar lo que le va diciendo el informante desde el universo cultural del mismo (Michelat y Maitre, en Thiollent, 1982; Citado en Guber, 2004: 213).

La categorización diferida del investigador, por su parte, se trata de la habilidad del investigador de crear preguntas abiertas que le permitan indagar sobre sus inquietudes, pero además encadenar las mismas dentro del discurso del informante, desde su marco interpretativo.

Guber explicó que contar con la perspectiva del autor, e incluso que el investigador reconozca su propia perspectiva y supere su sentido común, es una ayuda para superar el sociocentrismo. Para esto, el investigador requiere "la activa participación y acuerdo de los sujetos investigados… que se gana en arduas negociaciones", (Guber, 2004: 311).

2.3. La historia de vida

La revalorización del uso de la historia de vida como técnica en el trabajo de campo, para la construcción del conocimiento, fue concebida por algunos autores como una manera de recuperar historias ocultas o "contestatarias al androcentrismo académico" y como una manera de reintegrar a los marginados y disponerlos como hacedores de su propio pasado" (Miles y Crush, 1993).

Junto a Miles y Crush (1993), Mc Dowell (1992) calificó la historia de vida como una técnica para conocer las luchas de la gente común y como una técnica que ofrece estrategias para incorporar "voces alternativas". Sin embargo, Pedone cuestionó sobre la influencia del investigador en este proceso: "Esta alternativa está teñida por el investigador y habría que preguntarse a quiénes se deja hablar, cuáles son los criterios... para "permitir" que se escuchen unas voces y no otras" (Pedone, 2000).

Frente a esto es importante resaltar el proceso de reflexividad del investigador, que apoyado en la entrevista antropológica y el trabajo de campo es quien realiza lo que se denomina una muestra "no probabilística" y una "muestra evaluada". Muestras cualitativas en las que el investigador debe detectar "casos desviantes", refiriéndonos a informantes que intentan mostrar una visión de comunidad construida por ellos o propia de su posición social.

Es en este punto donde entra la "muestra evaluada": "El investigador identifica ciertas características y trata de vincularse con los subgrupos que responden a ellas, sin esperar el ofrecimiento de los informantes", (Honigmann, 1982: 80-81).

Esta muestra permite contar con una visión más completa: La información que se obtiene se presenta por propia voluntad y más que reconstruir una versión única, se pretende explorar las relaciones sociales y sistemas de significados dentro de dicha unidad (Cohen, 1984).

En la técnica de la historia de vida, "la muestra forma parte del proceso de investigación y son los resultados lo que van indicando la mayor o menor necesidad de ampliar el universo de la muestra... el número óptimo de entrevistados será aquel en el que se logra la "saturación" de la muestra"... Así, el individuo entrevistado será representativo de varias de esas "almas", pero no será de toda la sociedad", (Saltalamacchia, 1992: 160-163).

La representatividad de la muestra va ligada a la estructura teórica de conceptos que se planificaron desde el principio. Una muestra será o no suficiente de acuerdo al proceso de construcción que realice el investigador y sus entrevistados.

Parte de las características de la historia de vida como técnica se relacionó con un proceso de construcción-deconstrucción: "Mediante la entrevista se puede iniciar una tarea conjunta de desestructuración de las explicaciones que el entrevistado ha asumido como definitivas… es una tarea de búsqueda compartida", (Saltalamacchia, 1992: 176-177).

En otras palabras, la técnica permitió que el investigador pudiera indagar en el entrevistado acerca del sentido que tenía para él las acciones en el momento en que ocurrieron. Saltalamacchia (1992:169) explicó que cuando una persona relata algún suceso, el tiempo que transcurre entre lo que cuenta y el momento en que ocurrió, puede actuar el olvido o que el entrevistado no pueda distinguir entre los valores y conocimientos actuales con los que poseía en el pasado.

> "Todo dato es un compuesto indivisible de subjetividad y objetividad… Es por eso que, lejos de comprometernos en una tarea de desecho de los elementos subjetivos, de lo que se trata es de una tarea de reconocimiento de los criterios interpretativos que hicieron que dicho dato fuese posible" (Saltalamacchia, 1992: 176).

Esta investigación como indica Saltalamacchia (1992:194) pretendió enriquecerse de los relatos de vida, "en el fuego cruzado de aconteceres personales" para abrir la visión hacia un mundo hermético al que se accederá precisamente a través de esta técnica.

El uso de la metodología cualitativa como un campo de intercambio entre el investigador y los sujetos de investigación y además la comprensión de su perspectiva, espera contribuir a superar el sociocentrismo del que pueda estar impregnado este trabajo. Y por qué no cómo indica Guber, aportar a la idea de que investigaciones menos sociocéntricas sirvan para que "el medio académico sea menos omnipotente con respecto a los grupos y sectores que componen la sociedad", (Guber, 2004: 311).

3. Migración africana en la Argentina

Gráfico 1. Mapa geográfico de Suramérica y África, con ubicación de Argentina y Senegal

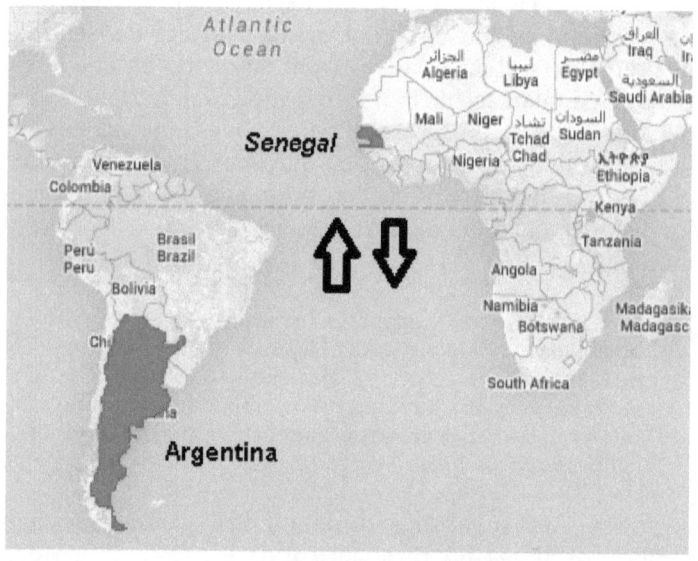

Tomado de Google Maps.

Es indudable la importancia de las migraciones en Argentina desde la época de la colonia y hasta la actualidad. Autoras como Pacecca y Courtis, refiriéndose a la migración de población de países limítrofes hacia Argentina, afirmaron que la movilidad territorial en la región es de larga data y antecede incluso a la formación de los Estados nacionales.

"En los casi 150 años cubiertos por los censos nacionales de población, los extranjeros provenientes de países limítrofes (Bolivia, Brasil, Chile, Paraguay y Uruguay) representaron de manera constante entre el 2% y el 2,9% del total de la población residente en el país" (Pacecca y Courtis, 2008).

Con la formación del Estado-Nación, se reafirmó también la importancia de las migraciones en el país. Fue durante esta época con el proyecto de Sarmiento y Alberti, sobre gobernar es poblar, que se privilegió la inmigración europea con el fin de "mejorar" la población. Es así como Fernado Devoto (2009) consideró a la migración como factor constitutivo de la historia argentina.

Pacecca y Courtis señalaron que durante la segunda mitad del Siglo XX las políticas estuvieron permeadas por "una suerte de lectura épica de la antigua inmigración europea (cristalizada como paradigma de civilización y desarrollo) y por una mirada estigmatizante de la inmigración latinoamericana, considerada invasora, "salvaje" y depredadora de los servicios públicos y sociales" (Mármora, 2002; citado en Pacecca y Courtis, 2008).

En el Siglo XX además de las inmigraciones anteriormente nombradas, también se registró la llegada de población asiática (Taiwán, China), de otros países latinoamericanos (Perú, Colombia) y de países africanos (Cabo Verde), durante los años 60. Y aunque a mediados de este mismo siglo, Argentina dejó de ser un destino para la inmigración europea, Pacecca y Courtis (2008) consideraron que son los 60 la década desde la cual Argentina puede considerarse un país de emigración.

En cuanto a la inmigración africana, Argentina registró en su historia la llegada de africanos en tres momentos: en el Siglo XVI, cuando fueron traídos como esclavos; en el

Siglo XIX, inmigración caboverdiana en busca de mejores condiciones y desde la década de los 90 de varios países africanos como Senegal, Malí, Nigeria, Ghana, Sierra Leona, Liberia, Camerún y Guinea; por causas económicas y temores a persecución política (Gómes, 2001).

Siguiendo estos periodos y como cité en un trabajo anterior, durante ese primer momento se registraron entre 1740 y 1810, la llegada de 45.000 esclavos a Buenos Aires (Zubrzycki, Ottenheimer, Agnelli y Kleidermacher, 2008).

Del segundo momento, el arribo de caboverdianos no se cuenta con cifras oficiales debido a que los migrantes que entraron legalmente lo hicieron como portugueses y otros entraron de manera clandestina, lo que "contribuyó a la invisibilidad de este grupo migratorio, en este caso para el Estado", (Maffia, 2011).

Con el objetivo de conocer el volumen de esta migración, Maffia y su equipo adelantaron un censo, donde se concentraba esta población. En 1997 se hizo un muestreo y los dos años siguientes se realizó una encuesta en 50 partidos de la Provincia de Buenos Aires, junto a la Agencia Nacional de Promoción Científica y Tecnológica.

El censo se dividió en dos regiones: Zona I (Partidos de La Plata, Berisso y Ensenada): un universo de 255 unidades habitacionales, con una indagación de 914 individuos, de los cuales 719 resultaron caboverdianos (entre nativos y descendientes).

La Zona II (Capital Federal y los partidos del Gran Buenos Aires): 104 unidades habitacionales, fueron censadas 346 personas, de las cuales 268 eran de origen caboverdiano (entre nativos y descendientes).

Del tercer momento el último censo del 2010, que realizó el Instituto Nacional de Estadísticas y Censos (Indec), se registraron 2.783 africanos que viven en la Argentina, un crecimiento de casi el 50 por ciento frente a la cifra que revelaba el censo del 2001: 1.883 extranjeros nacidos en África (Chevalier-Beaumel y Morales, 2012). "Del total de 1.805.957 extranjeros registrados, los africanos representan solo el 0,15%" (Zubrzycki, 2014).

Por su parte, la Dirección Nacional de Migraciones (DNM), entre el 2004 y 2010, otorgó 730 radicaciones permanentes y temporarias a migrantes africanos. "Los países extracontinentales que encabezan la lista son Senegal (150), Nigeria (90), Sudáfrica (58), Ghana (57), Camerún (48), Sierra Leona (48) y Bangladesh [1] (46). Le siguen con volúmenes menores Angola, Guinea, Costa de Marfil, Egipto y República Democrática del Congo, entre otros", (OIM, 2011).

Sin embargo, las cifras aún no soy muy precisas, pues asociaciones como ARSA (Asociación de Residentes Senegaleses en Argentina) aseguraron que en Argentina viven cerca de 2.500 senegaleses.

---

[1] Aunque Bangladesh sea un país del sur de Asia, fue incluido al parecer erróneamente en este informe preliminar de la OIM, justo en la sección en la que se hace referencia a la inmigración africana que arribó a Argentina. Lo citamos igual que el documento original con ánimo de señalar el error y con esto lograr que no se reproduzca en futuros trabajos.

Gráfico 2. Mapa geográfico del África Subsahariana

Fuente: Blog Heródoto. Disponible online: http://bit.ly/2f72D1h (Última visita 12/04/2015).

Estas corrientes migratorias anteriormente nombradas provenían específicamente del área conocida como el África Subsahariana: una región que abarca a los 47 países del continente africano que están ubicados al sur del desierto del Sahara y es la zona de África donde se concentra el mayor número de población negra. La misma región en la que se centró esta investigación.

No obstante, esta categoría ha suscitado un debate con respecto a su uso: "Occidente utiliza el término "África Subsahariana" para crear el efecto de un supuesto encogimiento geográfico de una enorme tierra en el imaginario... para mostrar su "irrelevancia geoestratégica". Es una señal geopolítica racista, que se usa para representar el imaginario de la desolación, la aridez y la desesperanza del entorno desértico", (Ekwe-Ekwe, 2010:5; citado en Morales, 2014).

Esta perspectiva aseguró que este término favorece una representación negativa de las poblaciones e incurre en una "amputación histórica".

Una mirada más conciliadora, a la que se adhiere esta investigación, planteó al desierto del Sahara -el divisor entre una África negra (sur) y una África árabe (norte), desde el enfoque colonialista- en un papel unificador en la historia del continente. Una perspectiva que se planteó en la Historia General del África, de la UNESCO, como ""una divisoria de aguas" entre el enfoque colonialista y una nueva perspectiva de observación en los estudios respecto de África" (Posnansky, 1983 [1980]; Citado en morales, 2014).

Además de estos periodos detectados por Gómes (2006), otros académicos registraron corrientes migratorias provenientes de África del Norte a finales del Siglo XIX y mediados del Siglo XX.

La primera de estas se trató de judeo marroquíes que llegaron a Argentina entre 1870 y 1930: una migración que anualmente registró la entrada de no más de 200 personas. "Su número comienza a crecer en la primera década del Siglo XX hasta alcanzar su punto más alto en 1906, con 182 entradas... En 1914 solo se registraron 37 entradas", (Epstein, 1994).

Epstein lo calificó como una migración espontánea, atraída por parientes o amigos, "hecho que de que entre ellos operaba la "cadena migratoria"". En este mismo periodo se dio una migración promovida por la Alliance Israelite Universelle:

> "Un conjunto de maestros marroquíes llegados al país para enseñar castellano a los pobladores judíos ashkenazies de las colonias del interior" (Epstein, 1994).

Según Vagni, los judeo marroquíes fueron el primer grupo de judíos sefardíes y establecieron la institución decana en toda América de ese colectivo: la congregación Israelita Latina de Buenos Aires (Vagni, 2008).

La segunda corriente migratoria de África del norte se trató de inmigración francoargelina: que se produjo a mediados de la década de 1960 y no fueron más de 150 familias. "Fue una inmigración organizada y planificada, en la que intervinieron funcionarios del gobierno francés y representantes del gobierno argentino (interesados en promover una inmigración calificada)" (Mases, Zanini, Frapiccini, Gingins; 1991).

De acuerdo a los autores es una migración de colonos "pieds noirs" [2], ex colonos franceses que vivieron en Argelia y que ante las guerras independentistas salieron de este país africano hacia Francia. Sin embargo, ante las dificultades económicas y sociales que enfrentaron en Francia buscaron un segundo lugar para emigrar.

Los autores describieron de esta manera la elección de Argentina como el nuevo destino:

> "La elección de Argentina se remonta a las conexiones entre franceses residentes en Argelia, cuando aún estaban en Argelia, previendo el desenlace de la guerra, especialmente con el excombatiente Laurent Balthazar. Así, unos de los colonos autodefinidos como "Grupo de amigos" y con ayuda del gobierno francés visitan Argentina para estudiar las condiciones existentes para una futura emigración" (Mases, Zanini, Frapiccini, Gingins; 1991).

Los francoargelinos llegaron a lugares como Valle Azul, alto valle de Río Negro y Neuquén y a Formosa, para dedicarse a las explotaciones agropecuarias.

---

[2] Siguiendo las notas de los autores los colonos pieds-noirs es un calificativo que imponían los franceses "metropolitanos" a los franceses que residían en Argelia.

3.1. Los estudios y aspectos abordados

3.1.1 Estudios sobre migración africana

Como indicó Zubryzcki (2014), la mayoría de estudios relacionados con migración africana se han desarrollado desde una perspectiva histórica teniendo como referencia a los esclavos africanos de la época de la colonia.

Es de esta manera como han surgido estudios como los de Miriam Victoria Gómes profesora de literatura latinoamericana, quien ha trabajado sobre la presencia de negro-africanos en la historia argentina (Gómes, 2005) y sobre las organizaciones de los nuevos migrantes africanos (Gómes, 2001). Otros autores como Domínguez (2004) trataron sobre los procesos de construcción étnico raciales por parte de migrantes que vienen reivindicando su ascendencia africana.

Sobre la caracterización y descripción de las corrientes migratorias de africanos podemos destacar los trabajos de Marta Maffia, quien analizó la inmigración de los caboverdianos hacia Argentina a través del estudio de las dimensiones de parentesco y familia, su proceso de invisibilización y luego el proceso de "desinvisibilización" de las generaciones de descendientes[3].

Marcelino y Cerutti (2011) han desarrollado trabajos sobre tendencias recientes de la migración africana en Argentina, su marco y la han comparado con el caso brasileño. Otros trabajos comparativos con el mismo país también lo realizaron Sow y Goldberg (2012) y Wabgou (2011).

Por su parte, Ezequiel Texidó (2011) hizo una caracterización de las recientes corrientes migratorias de países africanos al Cono Sur y organismos como la CEPAL (Marcelino y Cerutti, 2011), el PNUD (Maffia, 2011), la OIM

---

[3] Para más información sobre inmigración caboverdiana en Argentina puede consultar: Maffia, Ballina, Monkevicius (2005) y Maffia (2007), (2010), (2011), entre otros.

(2011) han empezado a registrar estas migraciones a través de sus informes. Incluso, funcionarios del gobierno argentino han dado cuenta de esta migración a través de artículos y estadísticas (Rizzolo, 2011).

Desde la academia -y en conjunto con la asociación civil África y su Diáspora-, también se adelantó una encuesta a 257 personas (53% africanos y 47% afrodescendientes) en la Ciudad Autónoma de Buenos Aires, indagando acerca de las razones de llegada al país, los medios de transporte, entre otros aspectos (UBA, 2010).

Sobre migración del norte de África, como indicamos anteriormente, están los trabajos de Epstein (1994) de judeo-marroquíes y de Mases, Zanini, Frapiccini y Gingins (1991) sobre migración "francoargelina", a provincias de Argentina como Formosa y Neuquén.

3.1.2 Estudios sobre migración africana subsahariana

Específicamente sobre migración del África subsahariana en Argentina, podemos enumerar los trabajos de Maffia y Agnelli (2008) quienes realizaron las primeras caracterizaciones de esta migración, desde el punto de vista antropológico.

Le siguen trabajos de Zubrzycki, Ottenheimer, Agnelli y Kleidermacher (2008) quienes trabajaron los aspectos sociodemográficos de los migrantes de esta región y realizaron un mapeo de los núcleos asociativos de los mismos.

Sobre la presencia de esta población en provincias del interior, podemos enunciar el trabajo de Palacios (2013) quien desarrolló una investigación sobre inmigración africana occidental en Tucumán y sus formas de inserción.

De manera comparativa, Minvielle y Martino (2013) desarrollaron un trabajo sobre las migraciones de africanos caboverdianos, que llegaron en el Siglo XIX, y de africanos subsaharianos, que empezaron a llegar desde finales de la década de los 90.

En aspectos como la invisibilización, discriminación y racismo, relacionados con esta migración, están los trabajos de Kleidermacher (2011, 2009, 2012b) y Estupiñán (2013). Acerca de los procesos de comunicación y las representaciones desplegadas por esta migración, están los textos de Orlando Gabriel Morales (2009, 2010, 2011, 2014).

De hecho, en su tesis de doctorado Morales trabajó conceptos como exotismo, exotización y racismo. Además de las representaciones de los locales con respecto a estos migrantes, el papel de la prensa en la construcción de alteridades sobre los mismos y la representación de estos migrantes del África subsahariana a través de sus propias organizaciones (Morales, 2014).

Por su parte, María Luz Espiro (2012) abordó las representaciones de los africanos subsaharianos en los habitantes de la ciudad de La Plata. Mientras que en la Ciudad Autónoma de Buenos Aires, Martina Inés García realizó una etnografía de la judicialización de la venta ambulante de inmigrantes africanos (García, 2014).

3.1.3 Estudios sobre migración senegalesa

Foto 1. Migración senegalesa en Buenos Aires

Autora: Lina Sánchez Alvarado.

Esta investigación se centró en la inmigración de población proveniente de Senegal, país que hace parte del África subsahariana, por ser la migración africana más numerosa en la Ciudad Autónoma de Buenos Aires, lugar en el que se desarrolló el trabajo de campo.

Nos adherimos también a las razones expuestas por otros académicos sobre porqué estudiar a estos migrantes: "la migración senegalesa parece cuantitativamente poco relevante, pero resulta interesante analizarla porque son visibles en las principales ciudades argentinas, tanto por su inserción en la venta callejera de bijouterie como por el hecho de ser negros en un país que se considera "blanco", es decir "porque la invisibilización histórica de los negros en la Argentina es condición de posibilidad para que la percepción de estas nuevas presencias propenda al sobredimensionamiento la extrañeza", (Morales, 2010:142).

Estas nuevas migraciones, de acuerdo a Sow y Goldberg (2012), suponen desafíos políticos, sociales, culturales y laborales.

Un panorama sobre los estudios e investigaciones que se han hecho sobre inmigrantes senegaleses en Argentina nos permitieron ver trabajos en principio relacionados con su condición de refugiados (Kobelinsky, 2003) y sus mecanismos de integración bajo esta misma condición (Cicogna, 2007 y Asa, Courtis, Paccecca y Talpone, 2007).

Las causas y características de este fenómeno fueron abordadas en el 2010 por Gabriel Santellán y desde una perspectiva transnacional fue analizado por Brauner y Brumat (2012).

Boubacar Traoré (2006), inmigrante senegalés radicado en Argentina, también focalizó su investigación en los mecanismos de integración de los migrantes senegaleses en este país del Cono Sur. Mientras que Reiter (2010) realizó un abordaje desde las dimensiones socioculturales de este fenómeno.

Desde el punto de vista religioso, la migración fue analizada por Zubrzycki y Agnelli (2009) como una diáspora perteneciente a la cofradía islámica mouride. Arduino (2011) la analizó, por su parte, como un caso de adaptación selectiva de religiosidad.

Otros estudios dan cuenta de una migración senegalesa como parte del engranaje de un proyecto familiar que está organizado mediante empresariados étnicos; entendiendo este último concepto como "un tipo de instalación económica donde prima la tendencia a generar actividades de microemprendimientos independientes", (Mera y Kleidermacher, 2012: 185).

A través de una mirada etnográfica, en la que resultó clave la observación participante, se publicaron estudios que consideraron la migración de senegaleses como una migración estacional en ciudades como Mar del Plata (Agnelli y Kleidermacher, 2009) y Pinamar (Reiter, 2010). En ciudades como Neuquén, también se registró presencia de migración senegalesa, a través del trabajo de Trincheri y Roldán (2013).

Las anteriores publicaciones e investigaciones fueron el punto de partida de esta investigación que buscó plantear un análisis de esta migración a través de la teoría de las redes migratorias. Otro paso para entender las razones, procesos de inserción y el funcionamiento, en detalle, de sus lazos parentales, de amistad y étnicos, que aún no han sido desarrollados por la academia.

3.2. La migración senegalesa: caracterización

Aunque existe un subregistro del número de senegaleses que viven en Argentina ante la ausencia de cifras oficiales actualizadas[4], varias publicaciones se han dedicado a caracterizar esta migración que llegó a finales de los 90, dentro de la tercera oleada de migración africana al país. Inicialmente, algunas publicaciones indicaron que se trataba de una migración eminentemente masculina:

> "Se trata mayoritariamente de hombres jóvenes, de entre 18 y 35 años de edad" (Kleidermacher, 2012c).

> "Entre los senegaleses que se encontraban en Mar del Plata, podemos señalar como característica general que en su amplia mayoría eran hombres, sólo nos encontramos con cuatro mujeres" (Agnelli y Kleidermacher, 2009).

---

[4] En el último Censo Nacional, que se realizó en el 2010, figuran 2.783 africanos viviendo en el país. En este caso, la Dirección Nacional de Migraciones solo reporta los senegaleses con su condición migratoria resuelta, dejando a un lado los que aún continúan irregulares y sin tener en cuenta la alta movilidad de los migrantes (Zubrzycki, 2014).

Sin embargo, es evidente que aunque esta migración sigue siendo masculina, es notoria con los días la llegada de un mayor número de mujeres, como lo evidenció esta investigación y como también lo registró la historia oficial de la Asociación de Residentes Senegaleses en Argentina (ARSA), en su página web:

> "(La migración) está compuesta por jóvenes activos entre 20 y 45 años, mayoritariamente hombres. Las mujeres todavía representan un porcentaje bajo, aunque se puede observar un leve crecimiento de su número en los últimos años, debido a las reunificaciones familiares" (ARSA, 2015).

Y aunque los medios de comunicación han reforzado discursos sobre estos migrantes senegaleses, como migrantes que huyen de la miseria y la pobreza y llegan como polizones en barcos, aproximaciones etnográficas han demostrado las diversas razones de su llegada y las condiciones económicas que requiere un viaje como este.

Zubrzycki explicó que quienes migran no son los más pobres y aseguró que emprender un viaje como este implicó ahorrar dinero no solo para quien migra, sino para toda la familia. "Muchos de los senegaleses que hoy están en Argentina tenían trabajo en Senegal... Aparece siempre la idea de "aventura" y de salir para "conocer el mundo"" (Zubrzycki, 2014).

De hecho, Orlando Gabriel Morales, retomando el concepto *savoir migrer* de Arab, aseguró que estos migrantes desarrollaron o cuentan "con una capacidad para movilizar sus redes migratorias, sus conocimientos y el desarrollo de estrategias de contención para su desplazamiento, migración y circulación", respondiendo a una lógica de saber-migrar y saber-circular. (Arab, 2008:21; citado en Morales, 2013).

3.2.1 ¿Por qué Argentina?

Aunque autores como Alvear Trenor expresaron que "los flujos migratorios subsaharianos son más intrarregionales e intracontinentales que extrancontinentales", las migraciones internas son cada vez más limitadas. Desde África han empezado a configurarse nuevos destinos, con trayectorias más largas y es dentro de estas que podemos enmarcar la población inmigrante de Senegal que viaja a Argentina (Alvear Trenor, 2008).

Maffia (2011) explicó que las sucesivas crisis políticas y económicas de los países del África subsahariana incrementaron la migración hacia países con los que no existían lazos previos y esto ha llevado que en cifras estimadas, unos 4 millones de africanos subsaharianos vivan en países como Estados Unidos, Reino Unido, Portugal, Canadá, Australia, Países Bajos, Bélgica, España, Suecia y Grecia, en lo que se refiere a migración regular y no indocumentados.

Países europeos como Italia y España a los que emigraban frecuentemente los pobladores de Senegal, dejaron de ser el destino para los mismos a finales de los 90, cuando estos países, junto a los que hacen parte del espacio Schengen, aumentaron las restricciones y los controles fronterizos en Europa (Maffia, 2011).

Para Wabgou, la llegada actual de africanos a América Latina se debe al endurecimiento de políticas migratorias en Europa y América del Norte y también se relaciona con "el legado histórico de la esclavización desde África hacia las Américas, evidenciado por la presencia de poblaciones de ascendencia africana (o afrodescendiente) en América Latina... y con las dinámicas de consolidación del sistema-mundo capitalista" (Wabgou, 2012:1).

Entre los factores enumerados por otros autores se señalaron como causas de la inmigración senegalesa a Argentina a familias amplias con pocos miembros en edad de trabajar, pocas posibilidades de inserción laboral y un subempleo que afecta al 75 por ciento de la población activa, junto a los discursos de los medios que promueven modos de vida occidentales (Kleidermacher, 2012c).

La misma autora, sin embargo, señaló que las razones no solo se deben a temas económicos, sino que también están determinadas por factores históricos, comunitarios, culturales y religiosos. De hecho, como hemos señalado esta migración ha sido caracterizada como un proyecto migratorio familiar "donde se envía a uno de los miembros al exterior realizando una inversión de dinero que luego redituará en remesas. Estas últimas no sólo representan en muchos casos la base de la economía familiar, sino que involucran un imaginario de éxito, de triunfo del integrante y también de la familia…" (Kleidermacher, 2012c:111).

3.2.2. Su trayectoria e inserción

Ante la inexistencia de un consulado argentino en Senegal, algunos migrantes se dirigen al consulado de Brasil (En Senegal o en países vecinos) para tramitar su visa de viaje. Por eso, algunos pasan por ciudades de Brasil antes de llegar a la Argentina. "El trayecto más realizado es el siguiente: desde Dakar (Senegal) abordan un avión a Fortaleza (Brasil); a veces el recorrido es Dakar-Cabo Verde-Fortaleza. Una vez llegados a Brasil, se trasladan en colectivo hacia São Paulo, de allí hacia Buenos Aires cruzando la frontera por Uruguayana" (Zubrzycki y Agnelli, 2009: 144).

Al llegar al país, los senegaleses enfrentan dificultades para regularizar su situación como migrantes. Un informe del Centro de Estudios Legales y Sociales de Argentina, CELS, explicó:

> "La autoridad migratoria no ha establecido criterios definidos para la obtención de residencia (como, por ejemplo, razones humanitarias, cuestiones de trabajo u otros establecidos en la ley, el reglamento o la convención). Por el contrario, ha considerado que los antecedentes migratorios de estos nacionales, en particular la falta de documentación que acredite

su ingreso al país, constituyen elementos para declarar la irregularidad migratoria y ha ordenado la expulsión del territorio argentino, sin habilitar la instancia judicial obligatoria en todo trámite de este tipo", (CELS, 2012).

Sin embargo, en un esfuerzo la Asociación de Residentes Senegaleses en Argentina (ARSA) y otras organizaciones civiles lograron que la Dirección Nacional de Migraciones (DNM) adelantara un proceso de regularización (Régimen Especial de Regularización Migratoria de Extranjeros de Nacionalidad Senegalesa y Dominicana) en enero del 2013 (Zubrzycki, 2014). El proceso se extendió hasta julio del 2013 y permitió bajo ciertos requisitos (por ejemplo constancia de inscripción a la AFIP) que los senegaleses accedieran a regularizarse obteniendo su residencia temporal. Al 21 de febrero del 2013, un comunicado oficial de la DNM reportaba más de 500 casos atendidos (DNM, 2013).

Al llegar, estos migrantes, en su mayoría, se insertan laboralmente a través de la venta callejera de bijouterie. Trabajan en barrios de la Capital Federal como Balvanera (sector comercial de Once), Caballito, Liniers y Flores. Reciben ayuda de familiares ya establecidos o conocidos que facilitan los primeros días, le enseñan dónde vivir, dónde comprar y dónde vender.

> "Los conocidos llegados con anterioridad, gestionan inmediatamente el préstamo de mercadería, la cual se va devolviendo durante los primeros meses de ventas en Argentina. La venta ambulante les permite, mediante una pequeña inversión de capital, comenzar a trabajar al día siguiente de su llegada, al principio al lado de un joven con mayor experiencia y estadía en el país, para luego buscar su propio espacio" (Agnelli y Kleidermacher, 2009).

Es de esta manera como Mera y Kleidermacher (2012) enmarcaron esta inmigración como un "empresariado étnico", entendiendo este último como un conjunto de actividades empresariales que practican quienes hacen parte de un mismo grupo étnico y con una dependencia del capital social proporcionado por los recursos étnicos, como el valor, la lealtad y la confianza.

En cuanto a su caracterización étnica y religiosa, la mayoría de senegaleses que llegaron a Argentina son musulmanes y practican un islam eminentemente senegalés. Zubrzycki detalló que hacen parte de la cofradía mouride: "Una cofradía islámica propia de Senegal fundada a fines del Siglo XIX por Cheikh Amadou Bamba y estructurada alrededor de la ciudad santa de Touba" (Bava, 2003).

A esta cofradía pertenecen los senegaleses del grupo étnico wolof, sin embargo, los primeros que llegaron, siguiendo a Zubrzycki (2009), son diola (que es un grupo étnico que habita el sur de Senegal). También se cuentan miembros de otros grupos como los bambara y otras cofradías como la tidjane.

Otras investigaciones han permitido evidenciar algunas de sus prácticas económicas que se refieren a la venta de bijouterie a ciudades de la costa durante el verano. Agnelli y Kleidermacher analizaron el caso de los migrantes senegaleses en Mar del Plata y concluyeron lo siguiente:

> "(Esta práctica) forma parte de un circuito laboral en el cual la movilidad espacial hacia la costa constituye una estrategia en la búsqueda de mejores oportunidades comerciales, no sólo entre quienes se dedican, durante el resto del año, a la venta ambulante, sino también entre algunos senegaleses que poseen locales comerciales en la ciudad de Buenos Aires" (Agnelli y Zubrzycki, 2009).

Contrario a lo que aseguró Arduino (2011:20; citado en Zubrzycki, 2014: 14), Zubrzycki indicó que no todos estos migrantes "vinieron provistos de un imaginario que contiene la voluntad de insertarse en la cultura de destino" ni tampoco "vinieron para quedarse", como indican notas de los medios de comunicación. Zubrzycki afirmó que en este caso la colectividad senegalesa migrante en Buenos Aires se ajusta al concepto de nomadismo expuesto por Tarrius.

"La colectividad migratoria internacional nómada indica una fidelidad a un lugar de origen, una postura de distanciamiento respecto a las perspectivas de integración… su referencia es el territorio que construye, recorre… sin preocuparse demasiado por los valores o costumbres del lugar y su aprendizaje de las relaciones del natural del país se limita a saber que no hay que molestar, incluso a saber desaparecer", (Tarrius, 2000; 2007).

Frente a este concepto, Zubrzycki dijo que esta categoría permite dar cuenta de algunos migrantes senegaleses en Argentina… donde "la sedentarización permanente no es ya sinónimo de éxito en el proyecto migratorio, sino el hecho de saber ser "de aquí" y "de allí" al mismo tiempo, a la vez que saber cómo migrar", (Zubrzycki, 2014:15).

Brauner y Brumat (2012) en una reciente publicación definieron la dinámica migratoria senegalesa en Argentina como una comunidad transnacional, debido a su dimensión temporal-histórica y al grado de solidez de las redes transnacionales.

3.2.3. Las representaciones de los locales

Morales (2009) explicó que las representaciones que los locales se forman de los migrantes negros en la Argentina del Siglo XXI se mueven entre el exotismo que puede implicar una resignificación a favor del exotizado o puede condenarlos a la desigualdad. En medio de estas representaciones el autor señaló que se mueven también el racismo, la xenofobia, el paternalismo y la criminalización.

Referente a este tema, Kleidermacher reflexionó en uno de sus trabajos sobre los prejuicios alrededor de estos migrantes. "Según Kleidermacher, su inserción laboral marginal sumada al distanciamiento, que se genera entre ambos, son la causa de los prejuicios que se crean alrededor del africano en Buenos Aires: sujetos inferiores, trasgresores e ilegales" (2012: 17).

De esta manera, para otros autores como Sow y Goldberg (2012), la discriminación continúa ligada a esa negación histórica del Estado con lo afro y por eso no dudan en afirmar que estas nuevas migraciones africanas suponen desafíos políticos, sociales, culturales y laborales.

4. El aporte de esta investigación

Esta investigación, por su parte, pretende indagar en la migración senegalesa en Buenos Aires a través del concepto de red migratoria, no solo como un recurso teórico, sino metodológico. Entendiendo el concepto de red como la describe Massey (2000): la red como "el compuesto de lazos interpersonales que conectan a los migrantes, los migrantes anteriores, y los no migrantes en áreas de origen y destino a través de lazos de parentesco, amistad o pertenencia a la misma comunidad de origen".

De esta manera, se tiene como objetivo identificar las redes migratorias, describirlas y reconstruirlas como una forma de entender la migración senegalesa en Buenos Aires, durante el Siglo XXI. Además, como una manera de confirmar la fuerza de estas redes como determinante de los motivos de migración o permanencia.

Como citamos en este mismo capítulo, es una perspectiva que permitirá estudiar el papel de las redes en la toma de decisiones individuales y colectivas para migrar, la transmisión de información, las relaciones que se generan en destino y en origen, el padrón migratorio y su perdurabilidad (García Abad, 2001).

De hecho, como se planteó desde el anteproyecto de este trabajo, se considera la red como una determinante a la hora de migrar para cada uno de estos senegaleses y como la razón también por la que deciden permanecer o retornar.

Sin embargo, la idea es que el estudio a través de la red migratoria permita también indagar en sus formas asociativas, en su trabajo, en sus prácticas religiosas, culturales y en su cotidianidad. Es a través de la identificación de redes migratorias puntuales que se podrá investigar en estos conceptos y, por supuesto, comprender sus lazos de parentesco, amistad y pertenencia.

Un estudio con una mirada cualitativa y usando como recurso metodológico y de recolección de datos la historia de vida (enmarcada en el trabajo etnográfico anteriormente descrito). Además del uso de la reflexividad, como una herramienta para superar el etnocentrismo, que permita un proceso de elaboración teórica personal (Guber, 2004: 96).

En este punto es importante destacar que la investigación se hace desde mi experiencia como migrante, que a medida que se avanzaba en el trabajo me permitía reconocerme como parte de una red y una cadena migratoria, enmarcada en los conceptos teóricos estudiados. Además, de brindarme la posibilidad de entender las situaciones de los sujetos de estudio por ocupar una posición similar, pero a su vez comprender las diferencias y similitudes de la existencia transnacional, de la composición de sus redes y su funcionamiento en cada caso.

2

Las redes migratorias

5. El proceso de selección de los informantes

Partiendo de la idea de Rosana Guber (2004) que asegura que dar cuenta de una cultura no es explicarla, sino más bien comprenderla, me di a la tarea de arrancar con el trabajo de campo, teniendo como marco el anterior desarrollo teórico y metodológico descrito.

La selección de los informantes se inició de manera indirecta en noviembre de 2013, durante la elaboración del anteproyecto de este trabajo, como una manera de evaluar la posibilidad de generar contactos y entrevistas más adelante. De esta manera, el primer acercamiento con un migrante senegalés fue con el actual presidente de la Asociación de Residentes Senegaleses en Argentina (ARSA), con quien pude adelantar algunas entrevistas y tuve algunas charlas informales durante algunos eventos.

Durante el curso del 2014, también asistí a los eventos formales realizados por asociaciones africanas o afro de la Argentina, como una manera de conocer más sobre la realidad y el funcionamiento de las mismas y también para conocer a los líderes de los migrantes africanos y senegaleses establecidos en el país.

Fue así como estuve en la convocatoria a una marcha contra el racismo, ante un presunto caso de discriminación a una mujer senegalesa en el sector comercial conocido como "Once", en el barrio Balvanera, en la Ciudad Autónoma de Buenos Aires y que convocó a un gran número de africanos y senegaleses que se dedican a la venta de bijouterie, carteras y billeteras en el espacio público. Y a celebraciones más formales como los 20 años de Casa África, una organización que se concentra en ayudar a los migrantes africanos arribados al país, que se celebró en el Congreso de la Nación.

El trabajo de campo más intensivo y que respondía al marco metodológico anteriormente descrito, se inició en noviembre de 2014 y se prolongó al mes de diciembre y algunas semanas de enero. Incluso realicé visitas periódicas y asistí a eventos propios hasta julio de 2015. Durante este tiempo visité las principales calles del sector comercial conocido como "Once".

Esta observación en principio, sin ser participante, me permitió identificar los lugares de mayor afluencia de migrantes senegaleses y detectar posibles sujetos de investigación. Precisamente esa "visibilidad extrema que afrontan estos migrantes", según Orlando Gabriel Morales (2010), y su inserción económica como vendedores en la vía pública de carteras y bijouterie, me ayudarían a desarrollar un trabajo de campo con mayor acompañamiento.

Tras haber detectado algunas avenidas como las de mayor afluencia de migrantes senegaleses: Corrientes, Pueyrredón y Rivadavia (en un rango aproximado de 30 cuadras), como vías clave para generar mis primeros acercamientos, elaboré un primer cuestionario. Un cuestionario que se realizó a través de los conceptos ordenadores de la investigación: transnacionalismo, redes migratorias, capital social...

Conceptos ordenadores que respondían a la técnica de investigación implementada: la historia de vida. Según Saltalamacchia (1992:158), la muestra "debe ser construida tomando en cuenta los conceptos ordenadores establecidos en la estructura original del objeto de investigación". Así, siguiendo al autor, se podría asegurar la representatividad de la muestra.

Los acercamientos iniciales se dieron en tres puntos geográficos diferentes: En las calles Pueyrredón y Sarmiento, Pueyrredón y Corrientes y Corrientes y Larrea. Otro de los grupos contactados se realizó vía Facebook: Inicialmente el acercamiento con el grupo Karambenor y sus integrantes se hizo a través de esta red social, pero luego las entrevistas fueron realizadas en sus hogares (Avellaneda, provincia de Buenos Aires) y en sus locales de trabajo en el microcentro porteño y sobre la avenida Rivadavia (en el sector de Once).

Las entrevistas iniciales, enfocadas en recoger datos sobre el proceso migratorio (partida, viaje, llegada y adaptación), fueron el punto de partida de los primeros contactos. Sin embargo, con el fin de complementar la información y la comprensión del mismo se requirió la visita periódica de los informantes.

A medida que se sumaban más encuentros con los informantes inciales, mi posición como estudiante-investigadora, que logró los primeros acercamientos con un cuestionario, luego se tornó en una observadora participante que prescindió de su cuaderno de apuntes, en presencia de los migrantes. De esta manera, se pudieron realizar entrevistas no dirigidas y que tuvieron como componentes los procedimientos enumerados por Guber (2004:212):

El primero, la atención flotante del investigador, en la cual era el informante quien introducía los temas desde su propia perspectiva y en este caso el investigador escuchaba e intentaba revelar los nudos problemáticos de su realidad social. Y como segundo y tercero: la asociación libre del informante y la categorización diferida del investigador, lo que me llevó a la implementación de preguntas abiertas, que me permitían guiar un poco el discurso del informante.

El desarrollo de ese método, me permitía que el informante tuviera reflexiones acerca de su llegada a la Argentina, más allá de contar solo sobre los datos de su llegada:

"Me vine con ilusiones de otro tipo de trabajo. Cuando estás allá nadie te dice que las cosas son así: qué debes vender en la calle y todo lo que eso implica. En ese momento, no me gustaba y me encerraba a llorar, pero ahora soy consciente que lo hago por mi familia, por mí y uno termina acostumbrándose a la nueva vida que empezaste", contó uno de los migrantes entrevistados.

De esos informantes iniciales, terminé contactando a las personas más cercanas, que regularmente son paisanos de Senegal que trabajan con ellos, sobre la misma vereda o en lugares muy cercanos. De hecho empecé a detectar cómo estaban conformadas sus redes y el apoyo mutuo entre senegaleses, aún más cuando alguien ajeno a su cultura y su país se acerca a hablarles:

En todos los casos, al establecerse los primeros contactos y al intercambiar las primeras frases, inmediatamente se acercaba otro senegalés a hablarle y se quedaba presente durante la visita. Sin embargo, luego de varios encuentros solo pasaban a saludar y el encuentro podría realizarse de manera más personalizada.

Fue así como de estos puntos geográficos donde arranqué la investigación no tuve la necesidad de dirigirme a otros, pues el senegalés que se contactó por primera vez me presentó a algún amigo, conocido o miembro de su familia y de esta manera continué sumando sujetos de investigación en las primeras indagaciones.

Al sumar encuentros también pude mejorar la confianza con algunos migrantes que al principio apenas pronunciaban algunas palabras en español. El intercambio fue más fluido cuando me decidía a preguntar cómo se decían algunas palabras o frases en Wolof, una de las lenguas que se hablan en Senegal y que domina la mayoría de migrantes que arriban a Buenos Aires.

"Nanga Def" (¿Cómo estás?) o "Salamalekum" (Una forma de decir hola y de bendecir al otro al saludar entre musulmanes, la religión más común entre los migrantes) eran palabras con las que arrancaba una conversación cuando crecía la confianza con los informantes. "Mangui Fi" (Estoy bien), me respondían y lograban derribarse los primeros "muros" que se imponen cuando no se conoce al interlocutor.

Es claro también que su trabajo en la calle me permitía acompañarlos durante sus jornadas laborales e incluso pasar a acompañarlos, sin haberlo hablado previamente. Al inicio intentaba llamarlos para concretar la hora de encuentro, pero luego vi que era más fácil y más fluido el diálogo si llegaba de manera informal a saludarlos y a preguntarles cómo estaban.

El trabajo de campo se compuso no solo de observación, sino incluso participación, como complementos para la obtención y comprensión de los datos. Siguiendo a Guber (2004), en este caso la observación participante se compuso de una "observación sistemática y controlada" de lo que pude ver como investigadora y de la participación de las actividades cotidianas de los senegaleses (Guber, 2004: 172).

En la mayoría de casos, los diálogos eran interrumpidos repetidamente por clientes que se acercaban a preguntar por los precios y por otros paisanos senegaleses que pasaban a saludar. Es así como investigadora también me sumé a la realidad que estaba observando: durante las conversaciones les ayudaba con las bolsas para empacar la mercancía, le decía los precios a los clientes e, incluso, algunas veces terminaba a cargo del puesto de venta en la calle.

En otros escenarios, comí junto a ellos de la manera tradicional que describiré más adelante, participé en una de las reuniones mensuales de un grupo de mujeres de la región de Casamance, del sur de Senegal, y me sumé a los preparativos culinarios de una de las celebraciones más emblemáticas de los migrantes senegaleses musulmanes en Buenos Aires, el Magal Touba (Conmemoración del exilio del profeta Cheikh Ahmadou Bamba, que se celebra todos los años en la ciudad sagrada de Touba en Senegal y que los migrantes senegaleses en Argentina reviven en ciudades como Buenos Aires, La Plata y Córdoba).

De esta manera, empecé a consolidar el universo que estaba investigando y a delimitarlo a partir de la información que iba obteniendo y del trabajo de reflexividad que se adelantaba tanto por parte del investigador, como de los migrantes. Como cité en el capítulo anterior, se realizó una "muestra evaluada", se detectaron "los casos desviantes" y en palabras de Honigmann (1982: 80-81; citado en Guber, 2004: 123) se intentaron buscar migrantes a través de la vinculación a subgrupos, sin esperar el ofrecimiento de los informantes.

Las redes que hacen parte de este trabajo pretenden mostrar puntualmente algunas de las redes de migración senegalesa que hay en la Ciudad Autónoma de Buenos Aires, sin querer generalizar, sino más bien dar cuenta de realidades y de situaciones migratorias precisas, que permitan ser el punto de partida de investigaciones más adelante. Como citamos inicialmente "ese individuo será representativo de varias de esas "almas" o del "alma" que surja de singulares puntos de cruce entre distintos ámbitos de determinación. Pero no lo será de toda la sociedad", (Saltalamacchia, 1992:160).

A su vez durante el desarrollo de esta investigación describiré las redes a través de casos específicos de migrantes respondiendo a dos razones: son casos que me permitieron comparar las diferencias o similitudes entre redes y porque respondieron a casos en que los entrevistados permitieron un mayor acercamiento, comprensión y profundización de los conceptos anteriormente descritos.

6. Las redes construidas

El concepto de red migratoria descrito en el primer capítulo de esta investigación y en contraste con el trabajo de campo realizado, me permitió dar cuenta de tres redes de migrantes senegaleses en Buenos Aires. Redes que fueron construidas a partir de las definiciones anteriormente trabajadas y que se centraron principalmente en quienes migraron a Argentina.

De esta manera, las redes están compuestas por vínculos de comunidad, parentesco, pertenencia étnica y amistad. Sus miembros son de Senegal, pero también de otros países, algunos con experiencia migratoria y otros sin ninguna experiencia de este tipo, de acuerdo a García Abad (2001). No todos son familiares o amigos, pueden tener en algunos casos apenas vínculos por ser del mismo lugar de nacimiento. Al final, lo importante de estas redes es que quienes hacen parte han sido claves en el hecho migratorio de los senegaleses migrantes de Buenos Aires de esta investigación.

Como indicó Granovetter (1973; citado en Bobes, 2012), las redes sociales están compuestas por vínculos débiles y fuertes mediante los cuales se crean oportunidades de integración o se genera cohesión. La identificación de estos vínculos permitió la construcción de la red y además entender el rol de los mismos en las decisiones y comportamientos durante el trayecto migratorio y su inserción.

Como indicó Ramella (1995), debemos ser autocríticos para pasar de un uso débil hacia un "uso fuerte" del concepto de la noción de red:

> "A veces se nos ha puntualizado que en no pocos casos nuestro recurso a la red parece limitarse más a una evocación genérica de la presencia de los vínculos sociales entre los emigrados, antes que a su rol. También se nos ha señalado que el acento que, a menudo, ponemos sobre el rol de los vínculos familiares y parentales, nos ha llevado a reificar la parentela olvidando que la misma es una construcción social" (Ramella, 1995: 10).

En concordancia con el "uso fuerte" del concepto de red para el establecimiento de estas redes, también se identificaron variables que resultan claves en la conformación de las mismas y en el papel que juegan dentro del proyecto migratorio. Estas variables se refieren al territorio de origen, a la vinculación parental, la pertenencia religiosa y étnica. Es así como pudimos demostrar la heterogeneidad de migrantes senegaleses que arriban a la Argentina y no caer en presentarlos como "un grupo indiferenciado, monolítico y homogéneo: iguales entre sí". Estas variables nos permitieron dar cuenta de su diversidad en los vínculos que establecen al llegar, en sus comportamientos y estrategias (Ramella, 1995:12).

Las redes fueron nombradas en esta investigación como: Casamance (22 miembros), Mekhe (25) y Baye Fall (17) y están compuestas en su totalidad por 64 personas. Las dos primeras son nombres de regiones en Senegal: Casamance, sur de Senegal, límite con Guinea Bissau y la segunda Mekhe, una población cercana a Dakar, la capital del país. La tercera red, recibió el nombre debido a una razón religiosa: los Baye Fall son un subgrupo de la cofradía mouride, perteneciente al islamismo.

7. La red Casamance

Gráfico 3. De verde, la región de Casamance compuesta por las provincias de Ziguinchor, Kolda y Sédhiou, sur de Senegal

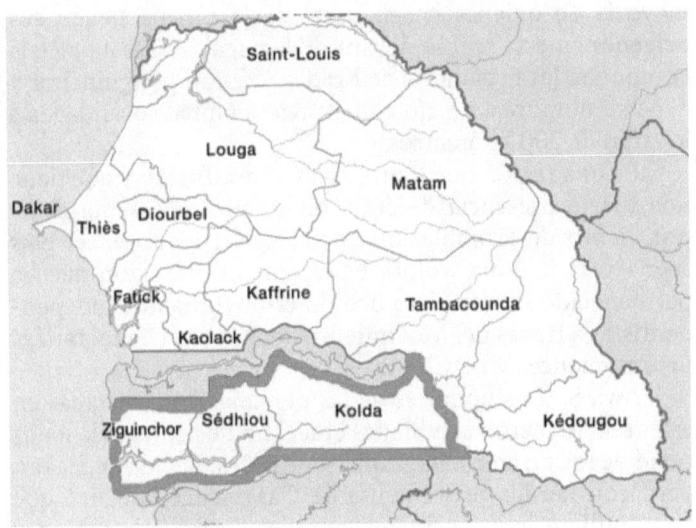

Tomado de: http://bit.ly/2wcQhdG (Última visita 12/04/2015).

Teniendo en cuenta la complejidad de las relaciones sociales, esta red intenta mostrar un segmento de las mismas de un grupo de migrantes senegaleses en Buenos Aires. La red está compuesta por 22 personas, 13 de estas migrantes que están en Argentina. Sin embargo, de la misma también hacen parte personas de Guinea Bissau, Argentina o familiares que siguen en Senegal, algunos sin experiencia migratoria (véase Gráfico 5, en el cual podrá ver la representación gráfica de la red).

De hecho, cuantitativamente por su origen: 14 personas nacieron en Senegal, 2 en Guinea Bissau y 6 en Argentina. Es una red que comparte, en su mayoría, vínculos parentales: 4 parejas de esposos, 2 parejas de hermanas y entre las mismas se relacionan por ser primas, primos, hijos o por vínculos de amistad. Por edades, es una red a la que pertenecen personas con edades entre 1 año y 50 años y que migraron a Argentina desde 1994.

La red la denominamos Casamance, debido a que la mayoría de quienes hacen parte de la misma tienen sus orígenes en esta región del sur de Senegal. A Casamance la componen las provincias de Kolda, Sédhiou y Ziguinchor y debe su nombre a un río que atraviesa ambas localidades a lo largo de 300 kilómetros.

Es una región que limita con Guinea Bissau y que tiene una fuerte presencia de etnia diola, que representa el 10 por ciento de la población en Senegal (siendo en el país la mayoría la etnia wolof). Es también una región que ha permanecido en conflicto debido a movimientos independentistas a través del Movimiento de Fuerzas Democráticas de Casamance (MFDC).

Awá S. (Los nombres de las personas entrevistadas en este trabajo fueron cambiados con el fin de proteger la identidad de los mismos), migrante senegalesa, nacida en Dakar, pero con familia proveniente de Casamance, aseguró que ese conflicto le ha generado grandes costos a la región y que por eso frente a otras provincias de Senegal, es una de las de mayor atraso.

Otra de las razones por la que esta red fue bautizada como Casamance es que es el sentimiento de pertenencia por esta región y su cultura son lo que une a este grupo de migrantes que funciona como una familia extendida a kilómetros de su hogar.

Es de resaltar que la mayoría de quienes hacen parte de la red pertenecen a la etnia diola: "Una población que se dedica al cultivo de arroz y la cosecha del vino de palma y que además tienen un conocimiento perfecto de la fauna y la flora y la agricultura tradicional" (Ba, 2011). Los diola generalmente están en la zona de Casamance.

De la red de Casamance también hacen parte miembros de la etnia Mandinga, que manejan la lengua mande:

"En la región oeste de África habita entre otras la etnia Mandinga, que tuvo una época de esplendor hacia el año 760 A.C. cuando se fundó el imperio de Mali que se extendió a lo largo de todo el oeste del territorio africano, abarcando lo que hoy se conoce como Mali, Guinea, Burkina Faso, Costa de Marfil, Sierra Leona, Liberia, Gambia y Senegal. Además de Malinké también existen otros términos para denominar a esta etnia, se utiliza mandinga o mandinka" (Lenke, 2015).

De esta manera, de la red Casamance hacen parte diolas, mandingas y flum. De esta última hacen parte los originarios de Guinea Bissau. "Somos como los diola, pero en Guinea Bissau porque compartimos muchas costumbres. Hay variaciones en la lengua, en el dialecto", explicó Ángela.

Junto a la variación étnica de la red, también se da la variación de lengua: diola, mande y flum y como idiomas oficiales de los países en Senegal se habla francés y en Guinea Bissau portugués. Sin embargo para comunicarse el grupo usa la lengua étnica mayoritaria de Senegal, el wolof.

"Los diola siempre aprenden wolof para poderse mover en Senegal, porque la mayoría de gente habla esa lengua", aseguraron los diola de la red de Casamance. También han optado por el wolof, debido a que algunos aunque tengan sus orígenes en el sur, nacieron y crecieron en Dakar.

Las migraciones internas de los miembros de esta red han generado que la mayoría en vez de hablar diola, hable wolof. "Con mis hermanos a veces olvidamos hablar en diola, pero a mi papá por ejemplo no podíamos mirarlo a los ojos y hablarle wolof, debíamos hablarle diola", contó Awá.

Los dos miembros de Guinea Bissau que hacen parte de la red tuvieron migración previa al sur de Senegal y por esta razón manejan la lengua diola y comparten muchas de las costumbres típicas de esta zona como la comida. Su lengua étnica, propia de Guinea Bissau, resulta incomprensible para los demás miembros de la red.

Los lugares específicos de origen también varían dentro de la red: la mayoría de diola, que además comparten un número importante de vínculos parentales son de Mandegane, mientras que los de la etnia Mandinga son de Bignona.

Frente a su filiación religiosa: la mayoría de la red es musulmana y los dos miembros de Guinea Bissau son católicos. De los musulmanes, todos menos uno son de la cofradía Tidjane y el miembro que no hace parte, es de la cofradía Niassen (En el portal 'Wolof para mujeres que aman Senegal' se indica que los Niassene son una rama del Tidjane y que su sede está ubicada en Medina Baye, en Kaolack: "Fue creada por El Hadji Ibrahima Niasse y fue establecida a mitad del Siglo XX. Aún permanece bajo el liderazgo de los descendientes de sus fundadores". Disponible en línea: https://wolofmujeressenegal.wordpress.com/tidiane/).

Debido a la variedad en origen, etnia y filiación religiosa, la red gira en torno a la pertenencia a Casamance. Son personas que comparten el vínculo con la tierra. Casamance es una de las zonas más ricas naturalmente y se diferencia del resto de Senegal por la comida que se prepara y por la variedad de frutas y verduras.

De esta manera, la identidad se vincula al territorio: "Somos una región muy unida y conectada. De esta manera sabemos cuándo alguien sale de viaje y viene para Argentina. Estamos pendientes de su llegada y de lo que pueda necesitar", aseguró Awá.

Isa M., por su parte, agregó que la gente de Casamance es diferente a la de Dakar: "Es como lo que pasa acá en Argentina entre los porteños (habitantes de la Capital Federal) y la gente de las provincias. Los que son de ciudad son menos unidos, menos solidarios. En Casamance, como en las provincias, somos más unidos, más familiares".

Como aseguró Pedone (2002) las redes migratorias "vinculan de manera dinámica las poblaciones de la sociedad de origen y la de llegada y trascienden a los actores individuales". Esta red, como se indica en el capítulo anterior de este trabajo, también responde al concepto de que la red migratoria permite superar la dicotomía entre el lugar de partida y de llegada y permite reflexionar también sobre la red de lugares que involucran el proceso migratorio de los miembros.

En este caso, la red Casamance está compuesta por personas que viven actualmente en Senegal, Argentina, Guinea Bissau e incluso países europeos como España. De esta red también hacen parte los hijos de los migrantes más antiguos que arribaron a la Argentina y que aunque son argentinos, conservan ese estrecho vínculo con Senegal en el día a día gracias a sus padres, aunque nunca hayan pisado tierras africanas. Los hijos son parte de la transmisión de información, bienes y capital simbólico que se transmite a través de la red y que trasciende las fronteras.

> "A mis hijos les repito constantemente que ellos también son senegaleses y que nunca deben olvidarlo, así hayan nacido acá y también sean argentinos", aclaró Awá.

Casamance es también una red excepcional en Buenos Aires porque está compuesta en su mayoría por mujeres: en su totalidad son 12 mujeres, frente a 10 hombres. Recordemos que las investigaciones que han caracterizado la migración senegalesa aseguran que se trata de una migración generalmente masculina, de hombres entre los 20 y 30 años de edad: el hijo varón que emigra es visto como el "salvador" por parte de la familia, pues la migración se concibe como "una estrategia familiar para acumular recursos que incorporen cambios en las condiciones de reproducción de los hogares en los países de origen" (Zubrzycki, 2010; Citado en Texidó, 2011:3).

Las mujeres en Senegal no suelen emigrar tanto como los hombres. Ellas esperan casarse y, por eso, quienes emigran lo hacen porque sus esposos decidieron continuar su vida en otro país. Ese es precisamente el caso de esta red. La mayoría de mujeres, con excepción de 2 o 3 fueron traídas por sus esposos, luego de que ellos hubieran podido establecerse en Argentina (Situación que desarrollaremos más adelante).

El académico senegalés Papa Demba Fall indicó que tradicionalmente las mujeres han migrado dentro de Senegal, de zonas rurales a centros urbanos en tiempos específicos del año, especialmente las mujeres de las etnias diola y serrer. Sin embargo, su migración internacional ha estado restringida por el peso de la tradición y la influencia del Islam y porque en algunos países existen leyes que restringen la reagrupación familiar.

A pesar de este panorama, Demba Fall resaltó el papel vital de la mujer en la migración internacional en Senegal y destacó que la migración de mujeres solteras en busca de una mejor situación económica y social resulta una realidad observable en todo el país (Demba Fall, 2010).

7.1. Lazos fuertes, lazos débiles

A través de la identificación de vínculos, esta investigación logró la construcción de esta red y como indicamos anteriormente, los mismos pueden ser clasificados de dos maneras como débiles y fuertes, según Granovetter:

La fuerza del lazo depende de la combinación de la cantidad de tiempo, intensidad emocional, intimidad y servicios recíprocos. "Mientras mayor sea la frecuencia de la interacción entre dos personas, mayores probabilidades hay de que se generen fuertes sentimientos de amistad de uno a otro" (Granovetter, 1973:1362; citado en Pardo, 2012).

Sin duda en la red de Casamance, los vínculos fuertes se dan entre los migrantes de Argentina que son diola y que comparten en su mayoría vínculos parentales. Sin embargo, no por el solo hecho de ser familia, las conexiones son fuertes.

Éstas se dan en un inicio por la filiación parental en el país de origen y luego se estrechan en el país de destino, con el compartir diario y el acompañamiento durante el proceso de inserción.

Debemos aclarar que de los 13 migrantes que viajaron a Argentina y que hacen parte de la red, 9 viven en una misma casa. La mayoría comparte lazos por ser familiares, tienen un mismo apellido, mientras que otros como los miembros de Guinea Bissau se sumaron a la "familia extendida" al llegar.

Siguiendo la diferenciación que hace Pedone sobre cadena y red migratoria: podríamos asegurar que la red de Casamance surge como una cadena que facilita información entre familiares para potenciales migrantes, pero que luego se extiende a ser una red con una estructura mayor con carácter transnacional y donde los vínculos parentales no son los únicos.

Se convierte en una "red de arribo" como la describió Ramella y Míguez: "una construcción de una nueva trama de relaciones vinculada con la inserción de inmigrantes en la sociedad de llegada, no basada necesariamente a solidaridades migratorias en torno a las relaciones familiares o de parentesco" (Ramella, 1995 y Míguez, 1995; citado en Pedone, 2010).

Alex, Ángela, Joubi e Isa son miembros que se suman a la red ya en destino y aunque no hacen parte de la misma familia, los vínculos son fuertes por el contacto diario y las ayudas mutuas. "Angela vino a nuestra casa porque mi marido y el de ella vivieron juntos cuando llegaron por primera vez a Argentina. Él trabaja como marinero y la dejaba sola, por muchos meses, así que le dije que vinieran y ahora están en nuestra casa, hacen parte de nuestra familia", contó Awá.

En destino, los migrantes recrean el concepto de familia extendida que existe en África donde distintos parientes, más allá de la familia nuclear, viven en una misma casa:

"En el contexto africano hay una enorme vitalidad de los lazos entre individuos en contraste con la inoperancia de sus estados, *la casa africana*, su economía su orden y su modo de organizar y gestionar recursos, saberes y prácticas sociales en un juego de relaciones entre hombres y mujeres y entre generaciones, es el seguro de vida, tanto individual como colectiva, de la inmensa mayoría. La casa simboliza el *nosotros* en relación a *los otros*, la casa nos habla de identidad, de identificación y de pertenencia" (Moreno, 2009).

De hecho, la figura de la madre juega un papel importante porque es quien se hace cargo de los miembros que la componen, de las decisiones al interior del hogar y de las tareas domésticas.

En Casamance, este papel lo asumió Awá que sin duda ocupa un papel central en esta red migratoria. Sus miembros reconocen que en la casa se realizan cenas con invitados debido a su iniciativa. Si ella no está, las reuniones no se hacen. Awá asume el papel de madre en destino para muchos, porque además es la mujer que cuenta con más años de haber migrado, lo que hace que se convierta como en una guía para los nuevos migrantes, especialmente para las mujeres.

De hecho, previo a responder algunas preguntas para esta investigación, las mujeres buscaban un consentimiento por parte de Awá, antes de acceder a conversar y está claro que haber llegado al grupo, a través de ella permitió que los demás miembros del grupo sintieran confianza de la presencia de la investigadora y de su posterior integración durante algunos eventos.

Awá puede denominarse como un "nodo central" de la red, por la cantidad de conexiones que cuenta dentro de la red y además porque su influencia es validada por los demás miembros del grupo. "Los nodos centrales se convierten en comunicadores de costumbres, hábitos y normas que van dando forma al grupo social. Así, los actores no se comportan o deciden como átomos fuera del contexto social donde se encuentran, tampoco se adhieren como esclavos... sus acciones están fijadas por sistemas concretos de relaciones sociales" (Pardo, 2012).

De esta manera se dio la inserción a la red por parte de Angela, cuando Awá decidió que podía venir a vivir a casa junto a su esposo. El encuentro y el apoyo diario ("servicios recíprocos") permitieron que estos vínculos aunque no tienen filiación parental, sean estrechos y tengan fuerza. Aún más cuando se dan entre mujeres: porque permite delegar tareas como el cuidado de los hijos o de la casa, cuando viven bajo un mismo techo.

Con otras integrantes de la red como Joubi e Isa, que no viven en la misma casa y no tienen hijos en destino, la relación se mantiene a través de vínculos de amistad. Con Awá el vínculo es más fuerte por ser uno de los nodos centrales de la red y porque a través de acciones, Awá refuerza su papel de "madre" a distancia.

Para mantener los lazos, Awá explicó que las invita un domingo al mes a comer a su casa y se llaman al menos una vez por semana para saber si las cosas andan bien. Además las acompaña en el seguimiento a un caso de discriminación que sufrieron y que denunciaron en el Instituto Nacional de Discriminación (INADI). La solidaridad se extiende, pero los lazos son aún más fuertes con los miembros con los que se convive a diario y con los que se intercambian favores con más frecuencia.

Joubi e Isa, por su parte, mantienen una relación estrecha con sus parientes en Senegal: con Faku, la hija de Isa, y Faku, la madre de ambas quien quedó a cargo de la más pequeña. Lazos que se mantienen a través de conversaciones por Internet y redes sociales.

Dentro de esta familia extendida también se reproducen costumbres en las que el hombre al casarse trae a su esposa a vivir a la casa de la madre. En este caso se dio con Modou, sobrino de Rob, quien se casó con Fama y ahora ambos viven en casa de Awá.

En esta red, los lazos parecen más débiles con los miembros que se quedaron en origen. De hecho, porque gran parte de la familia se ha reagrupado en destino y, además, porque el contacto diario, las ayudas y el hecho de compartir una experiencia migratoria fortalece la unión.

Sin embargo, los pioneros de la red: Rob y Awá mantienen un contacto continuo con el origen, con los miembros de la familia que aún están allá y se preocupan por llevar adelante iniciativas en pro de su región (tema que trabajaremos más adelante).

Los vínculos fuertes, como indicó Grieco (citado en Ramella, 1995), "transmiten información sobre el trabajo a los potenciales migrantes, garantizando su incorporación a la localidad de arribo".

Lo que vemos en la red Casamance es que la mayoría de hombres se han insertado en trabajos de dependencia, diferente a la forma en que se insertan la mayoría de varones migrantes de Senegal en Argentina. "Los hombres diola son más de trabajar en empresas, mientras que los wolof son más de vender de manera independiente", aclararon miembros de la red y es de esta manera como la mayoría trabajan en restaurantes, gracias a las recomendaciones de otros miembros que llegaron primero.

Y sin duda, los encuentros, la comida, los bailes y las charlas alrededor de la región de Casamance y de sus costumbres, ayudan a fortalecer los lazos entre todos los miembros y recrea la solidaridad de la que tanto se enorgullecen los oriundos del sur de Senegal. Información que circula en la red y de la que también hacen parte los hijos nacidos en Argentina, como una forma de transmitirles su "africanidad"

7.2. Las etapas migratorias: Los motivos y la vida en Senegal

Rob era uno de los Modou-Modou[1] más famosos y respetables de Mandengane. No solo vivía en Argentina, sino previo a esto todos sabían que había estado en Arabia Saudita y había desarrollado labores religiosas en lugares sagrados. De esta manera, su experiencia migratoria le daba un importante prestigio dentro de su pueblo.

Lo que no resultó indiferente para la mamá de Awá, quien de inmediato conversó con los padres de Rob con el fin de evaluar la posibilidad de que su hija pudiera casarse con Rob. Tras el sí de los padres, los padres de Awá le recomendaron a ella que tomara a Rob como esposo. "Al final, era mi decisión, pero los padres te aconsejan y uno sabe que lo hacen por el bien de uno", dijo Awá.

Ella no lo conocía y se tomó un año para saber quién era. Rob no estaba en Mandengane, pero su familia sí y fue a través de ellos y de la gente del pueblo que Awá se hizo una idea de quién era él.

Awá y Rob tenían muchos familiares en común pues el matrimonio entre primos o primos lejanos es usual en Senegal. De hecho, los padres procuran que sus hijos se casen con familiares cercanos, lo que en este caso intentaban hacer los padres de Awá.

Un año después, Awá se decidió y Rob informado preparó el viaje para recibirla en Argentina. "No lo conocía, pero sabía que era la mejor decisión. Mi mamá estaba feliz. Además era el momento de hacer mi vida, luego de cuidar durante muchos años a mis hermanos", contó. Así, Awá aterrizó y por primera vez en suelo argentino conoció a su esposo.

---

[1] El Modou-modou significa el que viaja, el que migra. Es la manera en la que se les llama a los varones en Senegal que migran y que luego envian remesas para ayudar a su familia.

La experiencia migratoria previa de Rob y su condición como refugiado le permitieron traerla sin ningún inconveniente.

La cadena migratoria se activó cuando los padres planearon todo para que Awá pudiera viajar y luego a esta se sumaron otros familiares de los pioneros de esta red. Por parte de Rob, sus sobrinos Modou, Land y Moussa; mientras que por parte de Awá, su hermana Tara y su prima Nabi.

Estos miembros hicieron parte, en un principio, de la cadena migratoria por ser potenciales migrantes que recibían ayuda de los más cercanos en origen para su viaje. Luego se sumaron a la red de arribo, en la que se extendieron los vínculos a través de las fronteras con familiares en destino.

Estos migrantes tenían garantizado un lugar dónde vivir, conocimiento de cómo regularizar su situación migratoria y su inserción laboral, gracias a la experiencia migratoria de los pioneros.

Los vínculos familiares y la transnacionalización de prácticas como la familia extendida, les facilitaron la inserción a un origen completamente distinto. Incluso en el idioma resultaba menos complicada la llegada, pues aprendían junto a los suyos.

A esta red de arribo se sumaron Alex y Ángela, quienes a través de un vínculo débil, un conocido en origen que no hacía parte de la cadena migratoria, establecieron un contacto en destino (Rob) y se sumaron a esta red al llegar.

Igual ocurrió con Isa y Joubi, quienes llegaron sin ningún contacto y luego se insertaron a la red Casamance, por su vinculación territorial.

¿Pero qué llevó a los miembros de esta red a migrar? Los hombres de la red se movieron por una curiosidad como ellos mismos llaman, sobre lo que está "al otro lado del mar" y a una moda que hay entre la juventud de migrar unido a un deseo de emancipación y falta de oportunidades, según Demba Fall (2010). En los hombres también resulta prestigioso salir y buscarse la vida, un valor agregado para cuando llegue el momento de casarse.

Las mujeres, por su parte, muestran dos razones: la primera está relacionada a que ellas están sujetas a las decisiones de sus esposos, quienes son los que garantizan su viaje e inserción. Sin embargo, Awá aseguró que la mujer no es obligada, sino que accede, también porque tiene curiosidad por saber "qué ocurre al otro lado", como muchos de sus familiares lo han hecho.

En otros casos, la mujer en un rol más autónomo, como lo dijimos anteriormente, se empodera y toma la decisión de migrar como lo hizo Isa, quien viajó con un vínculo débil dentro de una cadena migratoria que en este caso fue un vecino del que obtuvo algo de información y finalmente se insertó a una red al llegar con lazos más fuertes.

Isa dejó a su hija, la peluquería en la que trabajaba y un ex esposo con el que tuvo un matrimonio de cuatro años, para buscar un mejor destino. A estas mujeres, en Senegal se les llama las Fatou-Fatou (La mujer que migra).

"Venimos acá por curiosidad, por esperanza. Uno piensa: allá voy a estar mejor y vemos a occidente como el paraíso, cuando venís es otra cosa", confirmó Awá.

"En medio de todo venir acá fue mi decisión. En donde yo vivo hay familias con gente en partes de Europa y ellos tienen lindo coche, linda casa. Es gente de mi edad con mucha plata y me dije ¿Por qué no salir de viaje?", explicó Joubi, quien viajó sin un pacto para casarse o para reunirse con un esposo, de hecho es soltera y repitió el mismo patrón que su hermana: viajó por su cuenta.

En cuanto a la formación académica de los miembros de la red, solo Awá adelantaba estudios universitarios antes de venir. Estudiaba derecho y lo dejó al tener que dedicarse a atender a sus hermanos cuando su madre murió. Los otros miembros tampoco terminaron sus estudios secundarios ante la premura de trabajar para contribuir en hogares con numerosos hermanos.

De ahí que la migración, que ya habían emprendido otros familiares o vecinos, se convirtiera en una vía para mejorar la vida de la familia, frente a un día a día en Senegal en trabajos informales que no permitían el mantenimiento de la familia ni la emancipación.

Argentina como destino tuvo que ver para la mayoría de miembros de la red con una decisión basada en la experiencia migratoria de familiares que habían viajado a Europa y que planteaban las dificultades de seguir viajando a estos destinos. Frente a esto, otros familiares, amigos o vecinos habían buscado otras alternativas como Argentina.

De esta manera, dentro de la cadena migratoria se valoraba la experiencia de los otros y ante los beneficios que planteaba viajar a Argentina, como tener un contacto familiar al llegar, una casa y acompañamiento durante la inserción, se elegía dentro de las opciones este destino.

En otros casos aunque no existiera un familiar en destino, se tenía la certeza de hallar un contacto que permitiría parte de la inserción. Este último fue el caso de Isa, quien viajó tras conocer la experiencia de un vecino y de Alex quien contactó a Rob a través de un conocido.

De esta manera, Casamance para algunos miembros de la red, especialmente para quienes comparten vínculos parentales, en un principio se trató de una cadena migratoria compuesta por familiares en origen donde circulaba la información para los potenciales migrantes, sin embargo luego al extenderse más allá de las fronteras se convertía en una "red de arribo" con familiares de destino, que brindaban facilidades.

De esta "red de arribo" además de vínculos parentales también hay una confluencia de vínculos entre personas que se conocieron en destino y con las que se afianzaron lazos por compartir una región de origen: Casamance. Migrantes que partieron perteneciendo a otras cadenas migratorias, pero que se insertaron a la red en destino.

La cercanía, el intercambio, el contacto y el apoyo, además de la pertenencia a una misma región, fortalecieron a diario los vínculos de la red Casamance

7.3. El viaje y su trayectoria

- Trayecto Senegal- Argentina
- Trayecto Guinea Bissau- Brasil- Argentina
- Trayecto Senegal-Marruecos-Senegal- Brasil- Argentina

En esta red detectamos tres trayectorias y recorridos diferentes para llegar al país. La primera se relaciona con los primeros migrantes que salieron entre 1994 y 1998: partieron de Senegal o Guinea Bissau, pidiendo una visa directamente en Senegal y realizando las escalas de avión que se acostumbran hacer en países como España.

Rob G. fue el primero en hacerlo y luego le siguió Alex C. De ahí vinieron sus esposas quienes migraron de diferente manera: Awá lo hizo en el 2001, siguiendo las indicaciones de su esposo: "En Senegal pedí la visa para Argentina con una carta de invitación que me había enviado mi esposo. En esa época había embajada, así que resultó más fácil", detalló Awá.

La esposa de Alex C. viajó en el 2008, pero no pudo viajar de la misma manera y solicitó en Guinea Bissau, la visa para Brasil. Viajó en avión hasta Brasil y luego entró por tierra a Argentina. Para su entrada a este último país traía una carta de invitación de su esposo, quien ya había regularizado su situación.

Tanto Rob como Alex enviaron una carta de invitación a sus esposas, pues al momento de llegar solicitaron la categoría de refugiados y les fue concedida. "Pedir el refugio fue una manera de regularizar la situación. Veníamos de Casamance, una región atravesada por un conflicto, pero no fue por ese motivo por el que nos fuimos de Casamance, sino por la falta de oportunidades", afirmaron y agregaron que la única vez que se sintieron afectados por el conflicto fue cuando una de las mujeres de la red recibió una bala perdida en una de sus piernas, situación que fue mucho antes del hecho migratorio.

El tercer patrón migratorio se establece desde el 2008: Isa Sama quien viaja sin muchos contactos, más que con la referencia de su vecino, viaja a Marruecos para pedir la visa para Brasil y luego logra viajar desde Senegal a Sao Paulo (Brasil), donde se queda algunos días y luego entra por tierra a Argentina. El mismo procedimiento lo repite su hermana Joubi Sama, en el 2014.

Más allá del cambio en las relaciones diplomáticas entre Senegal y Argentina -lo que le permitió en su momento a algunos pedir una visa y viajar desde Senegal-, lo que determina también el cambio en el patrón migratorio es el acceso a cierta información, que suministran migrantes con experiencia previa.

Las esposas de los primeros migrantes entraron respaldadas por cartas de invitación de migrantes que habían regularizado su situación, las otras migrantes (Isa y Joubi) viajaban apenas con la información de un trayecto, pero no con la seguridad de poder entrar sin problemas al destino.

Como indicamos anteriormente, los migrantes que compartían vínculos parentales e incluso tenían en común ser de una misma población (Mandengane), realizaron un viaje similar por el acceso a la información que les facilitó la red migratoria. De hecho, la información era la experiencia previa de contactos en destino que transmitían su conocimiento a los familiares en origen. De esta manera, la cadena migratoria se articulaba para preparar a los migrantes.

En esta etapa migratoria, algunos miembros de la red aún no hacían parte. Es el caso de Isa y Joubi quienes viajaron a través de una cadena con vínculos más débiles y luego se sumaron a la red Casamance en la etapa de adaptación

7.4. La llegada y la adaptación: "Acá tenés que aguantar"

"Cuando llegás te invaden todas las preguntas. Estás confundida", así describen la mayoría de migrantes de la red Casamance, la primera impresión al establecerse en el lugar de destino. "No había muchos de los míos y eso lo hacía aún más difícil", agrega Isa M., quien arribó en el 2009.

La mayoría de migrantes de la red al llegar no conocían el idioma y por esta razón contar con un contacto de Senegal que hablara diola o wolof en el destino, les garantizaría tener un proceso de adaptación más fácil.

De hecho, de esta red solo tres personas llegaron sin contar con un vínculo parental en destino, pero con la certidumbre de encontrar o desplegar sus vínculos con otros senegaleses o africanos que habían tenido experiencias migratorias previas: desplegando una red por territorio.

Así le ocurrió a Isa M., quien no conocía más que la historia de su vecino: "Cuando llegué viví en un hotel familiar, luego en San Telmo. Busqué a mis paisanos y ellos me enseñaron dónde vivir y dónde vender. Nosotros nos ayudamos porque somos del mismo país, es algo que se da en Senegal naturalmente".

Isa hizo los primeros contactos con otros senegaleses en Liniers (barrio de Buenos Aires). Ahí recibió ayuda sobre qué vender, dónde vender y hasta palabras en español para poder moverse tranquila los primeros días. Se insertó en una red por pertenencia a un mismo territorio con vínculos no tan fuertes, pero a través de los cuales encontró solidaridad. Luego con el tiempo, conoció a Tara y se insertó en la red de Casamance, donde los vínculos resultaron más cercanos por una pertenencia a una región más específica.

Quien viaja, aseguró Awá, tiene claro que encontrará a alguien de su país y que recibirá la ayuda del mismo: "Cuando salen de allá no les importa lo que van a encontrar. Vos me decís, pero si no saben el idioma... y bueno ¡eso no importa! lo único que necesita es un contacto de otro senegalés que le dicen cómo son las cosas y le enseña todo, dónde está la plata. Hay mucha solidaridad entre nosotros: somos del mismo país y te doy una mano. El senegalés es de ayudar, hasta el punto de prestarte dinero sin conocerte".

Este también fue el caso de Rob G., el primer eslabón de esta cadena y quien además, aseguran otros migrantes, es uno de los primeros senegaleses que arribaron a Buenos Aires. Fue quien tuvo que probar dónde era mejor vivir y aunque se desempeñara como pintor de autos en Senegal, trabajó en lo que fuera saliendo, dependiendo de las circunstancias.

Sin embargo, la mayoría de migrantes de esta red contaban con familiares en destino que tenían preparado el lugar de vivienda y a su vez la alternativa para empezar a trabajar. Hacen parte de un proyecto migratorio familiar que se inicia como cadena en origen y trasciende a destino, a través de la red.

> "Mi esposo me recibió en el aeropuerto de Ezeiza (en Buenos Aires). Fue un momento lindo y emocionante, pero a la vez muy difícil", afirmó Awá.

> "Mi esposo fue por mí a Guinea Bissau. De ahí salimos juntos e hicimos el viaje. Él vivía con su primo y la esposa de él y ahí estuvimos el primer año. Cuando llegué todo me parecía raro, era totalmente diferente a mi vida en África. Mi esposo me sentó y me dijo: "Cuando viajas a otro país, tenés que aguantar", cuenta Angela.

La experiencia migratoria de sus esposos, les permitió a estas mujeres tener seguro un lugar para vivir y un sustento económico. De hecho, a las mujeres las traen sus esposos para empezar a formar un hogar. Las mujeres de Casamance llegan y al poco tiempo quedan embarazadas, cumpliendo así su papel como madres.

La estabilidad económica resulta clave para los hombres, pues las mujeres no llegan a trabajar los primeros años de inserción, sino a tener sus hijos. De esta manera es el hombre quien debe correr con los gastos del viaje y vivienda de su esposa. Es el responsable del trayecto migratorio de ella y de sus primeros años en destino.

Alex C., por ejemplo, llegó en 1998 y su esposa emigró a Argentina en el 2008. "Mi esposo era marinero en Guinea Bissau y llegó con la esperanza de llegar a trabajar en lo mismo, pero no resultó fácil, así que empezó a vender mercancía en Once y después de varios años, logró vincularse como marinero", cuenta Ángela.

A medida que los hijos crecen, las mujeres intercalan trabajos como la elaboración de trenzas o la venta de bijouterie en locales de microcentro, Once o Constitución, en Capital Federal. En el caso de Casamance, la mayoría de esta red reside en una enorme casa en Avellaneda (provincia de Buenos Aires), lo que permite que una de las mujeres se quede a cargo de los hijos: las otras empiezan a salir a trabajar.

Hasta enero de 2015, Ángela se encargaba de cocinar y cuidar los niños, pero luego empezó de a poco a insertarse de manera independiente al mundo laboral. Le comentó a su esposo que quería trabajar y él viajó a Brasil, le compró mercancías (bijouterie) y ella misma sale todos los fines de semana a parque Lezama a venderlas. Lo hace los fines de semana, para turnarse el cuidado de los niños con las otras mujeres.

Para los migrantes senegaleses, la venta callejera es la forma más accesible de insertarse laboralmente, debido a la dificultad de conseguir documentos para regularizar su situación rápidamente (y con esto de validar por ejemplo sus estudios o conseguir un trabajo formal) y ante la premura de conseguir un ingreso para vivir y de enviar remesas a Senegal, ya que la mayoría de dinero que traen se invierte en el trayecto migratorio. Es una salida también frente a la dificultad de no manejar el idioma apenas se llega al destino.

La venta callejera es también una tradición para la sociedad migrante senegalesa, pues es de esta manera como también sobreviven en una primera etapa los viajeros que han emigrado a países como España, Italia y Francia: de ahí que sean conocidos como los "Top manta".

Retomando el caso de Casamance, otros integrantes de la red que vienen a trabajar en la venta de bijouterie en la calle o locales, reciben un pequeño "entrenamiento" los primeros días. Joubi M. fue recibida por su hermana Isa y fue ella misma quién le enseñó dónde comprar mercancía. "Estuvo conmigo las primeras semanas en mi local y luego salió a vender a la calle, a hacerse lo suyo", narra Isa.

De hecho, con algunas palabras aprendidas como el saludo y los precios, Joubi salió a vender sobre la avenida Rivadavia, muy cerca de donde trabaja su hermana. Como parte del proceso de adaptación, Isa inscribió a su hermana en clases de castellano. En esta red muchos aprendieron castellano en organizaciones como la Comisión Católica Argentina de Migraciones.

El día a día de Joubi lo organiza Isa: Joubi llega en la mañana a sacar la mercancía del local de su hermana, vende sobre la vereda a lo largo del día y a las 6 de la tarde debe estar en el instituto para aprender español. En una ocasión, esta investigadora pudo estar presente en una conversación en la que daba cuenta de la relación que existía entre hermanas:

- A mi hermana no le gusta el chico con el que estoy saliendo.
- ¿Por qué no le gusta?
- Dice que no trabaja y no hace nada, que no me puede dar lo que quiero.
- ¿Y qué le dijiste?
- Qué le voy a decir si ella insiste en que salga con el policía que está en la esquina. "Miralo ese tiene auto, tiene plata, te va a cambiar la vida".

Aunque Joubi asegura haber tomado la iniciativa de venir, es claro que la pertenencia a esta red transnacional la condiciona a ocupar un cierto espacio y a garantizar mejores medios económicos para la familia.

Joubi tiene garantizada una vivienda al llegar, e incluso tiene solucionada su inserción laboral y el tema del idioma. Sin embargo, la relación con su hermana parece denotar un poder por parte de la hermana mayor, que le recuerda a Joubi porqué está acá: "mejorar la vida económica propia, pero especialmente de los que están allá".

Por esta razón, Joubi e Isa envían parte del dinero ganado a Senegal para su familia, a través de remesas. De hecho, Joubi debe entregarle las ganancias diarias a su hermana y es ella quien se encarga de enviar las remesas y de solventar los gastos de vivienda y comida. En los otros casos, el envío de dinero se ha reducido. Los migrantes que ya cuentan en destino con sus hijos o parejas, no envían dinero mensual, sino ocasionalmente para la otra parte de la familia, como los padres, que aún siguen allá.

Al parecer, el proyecto migratorio de esta red demostraba que al llegar, los migrantes varones enviaban remesas como apoyo económico para sus esposas, pero luego cuando ellas ya estaban en destino, se suspendía el envío de las mismas. De hecho, las mujeres que fueron traídas por sus esposos solo envían dinero a Senegal como una ayuda ocasional o cuando hay fechas especiales.

El envío de remesas, de hecho, puede leerse como una práctica transnacional. Como afirmamos en el Capítulo I, porque permite entender la realidad simultánea del migrante que se mueven en el país de destino, pero que conserva lazos con su país de origen y de alguna forma está entre ambas realidades. Concepto que desarrollaremos más adelante.

Es importante aclarar que en esta red la inserción de las mujeres se da de manera similar porque ellas vienen a formar una familia en destino y luego de que crecen los hijos se insertan económicamente de manera independiente. Sin embargo, como dijimos anteriormente, los hombres se insertan en trabajos de dependencia especialmente en el rubro de los restaurantes.

Aquí la pertenencia étnica y territorial, marca la manera en la que los migrantes de la red Casamance se insertan: las mujeres son más independientes y prefieren los trabajos donde puedan ser autónomas: la venta de bijouterie; mientras que los hombres se insertan en labores de dependencia, como suele ser típico de los hombres y mujeres diola de la región de Casamance (origen).

Los vínculos dentro de esta "red de arribo", les permitieron insertarse en roles según la tradición de su lugar de origen. En síntesis, quienes hicieron parte de la cadena que estaba articulada con la red de Casamance, tuvieron la facilidad de tener garantizado el acceso a vivienda y trabajo. La experiencia migratoria previa de los primeros eslabones de la red, "preparó el campo" para quienes venían detrás.

La parentalidad y la pertenencia por territorio marcaron la fuerza de los vínculos que permitieron transmitir información en la cadena y luego en la red a la llegada. Por esto, no solo quienes compartían vínculos por parentesco se vieron beneficiados por la "red de arribo", sino otros miembros con los que se compartía una pertenencia por territorio.

En este último caso, los miembros que se sumaron a la red de arribo, luego de la llegada no tuvieron acceso a informaciones de vivienda o trabajo, pero sí hacen parte del intercambio, el acompañamiento y algunas ayudas mutuas de la vida en destino.

La red acumula una serie de recursos, que luego les permitieron a los otros una inserción menos compleja. De hecho, podríamos hablar de un "capital social", entendiendo este último como lo describimos en el capítulo I de este texto: como "la habilidad para adquirir recursos gracias a la pertenencia a redes o a grandes estructuras sociales" (Portes y Landolt, 2004). Concepto que trabajaremos con mayor despliegue unos capítulos más adelante.

8. La red de Mekhe

Gráfico 4. Detalle de ubicación de la población de Mekhe

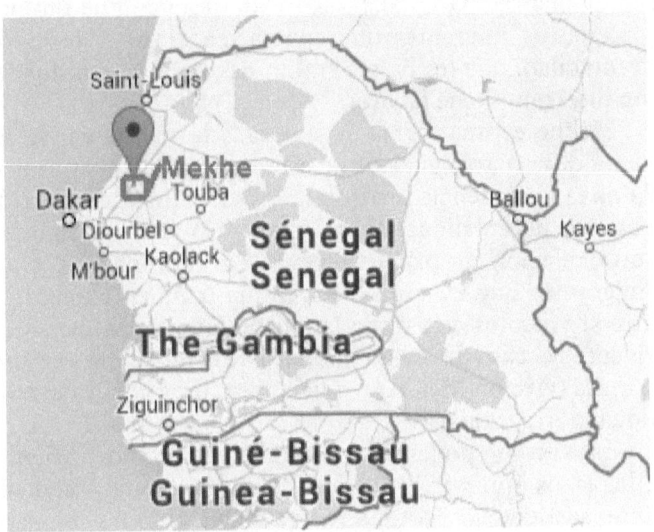

Tomado de Google Maps.

Mekhe, a 130 kilómetros de Dakar, es una ciudad senegalesa de 15.291 habitantes; ubicada entre las provincias de Thiès y St. Louis, en el noroeste de este país y es también el nombre que le atribuyo a la segunda red construida en este trabajo.

Un nombre que asignamos debido a que 10 de las 25 personas que componen la red son originarias de Mekhe y además porque es a partir de estos integrantes que se conforma este circuito de intercambio de información y experiencias.

De estos 10 integrantes, 4 están hoy radicados en Argentina con los vínculos más fuertes. Se trata de dos hombres, entre los que se cuenta al pionero, y dos mujeres.

A partir de estos 4 migrantes, se originan lazos más débiles con otros 4 migrantes, que se suman a la red Mekhe, al llegar, como una "red de arribo".

Es importante resaltar que la red de Mekhe es en gran medida una red parental. Su "corazón" está compuesto por 4 miembros migrantes que comparten entre sí lazos de parentalidad, que les ha permitido desplegar solidaridades y un intercambio de favores.

Mekhe es una forma de nombrar la red, teniendo en cuenta que son originarios de este lugar, sin embargo más allá de la pertenencia territorial, los vínculos están marcados por la parentalidad: dos relaciones tío-sobrina, cuñados y otra relación de primos lejanos. De esta manera, estos 4 migrantes que viajaron a Argentina también comparten entre sí vínculos con otros familiares que se quedaron en origen: es el caso de Massa (pionero de la red) que es esposo de Binta (vive en Mekhe) y quien además es la hermana de Nibu (en Argentina).

Es así como podemos reflexionar en torno de la fuerza de los lazos entre origen y destino, a pesar de la distancia. Como sostiene Grieco: "La fuerza del vínculo no se puede basar en la frecuencia del contacto físico, porque como es evidente en el caso de la cadena migratoria, parientes que viven en áreas geográficas distantes y que los contactos son raros y esporádicos, constituyen todavía, un vínculo fuerte útil para facilitar la movilidad ocupacional", (Citado en Pedone, 2002:10).

De hecho, el vínculo de hermanos entre Binta (en origen) y Nibu (hoy en destino) fue clave para la preparación del viaje de Nibu y su inserción laboral en destino.

Los otros migrantes que hacen parte de la red están unidos por vínculos más débiles, pero que en este caso se suman a la red porque han hecho parte del intercambio de capital social de la misma.

Los 8 migrantes en total de la red, radicados en Argentina, comparten entre sí una pertenencia étnica: son wolof, la etnia mayoritaria en Senegal, lo que hace que compartan tradiciones culinarias, hablen una lengua en común y compartan gustos musicales: Mekhe es una red en la que sus miembros suelen salir los sábados a bailar salsa, música afro y ritmos propios del origen.

Sin embargo, una de las mayores coincidencias de esta red tiene que ver con la filiación religiosa: todos son musulmanes y pertenecen a la cofradía Tidjane (a excepción de uno que es mouride). Según el Portal Web "Wolof para mujeres que aman Senegal", esta es una de las cofradías con mayor número de seguidores: "Su fundador es Cheikh Ahmed Tidjani (Argelia S. XVIII) y su representante más importante fue Alajdi Malik Sy. Su capital religiosa es Tivaouane" (2012).

El hecho de ser tidjane hace que los miembros de la red, especialmente los migrantes en Argentina, se reúnan en torno de las celebraciones propias de esta cofradía. Es más, el pionero de la red es quien organiza los eventos tidjane que se han desarrollado en Capital Federal, una ciudad en la que la mayoría de senegaleses musulmanes son mouride.

Sin embargo, no podemos asegurar que la red esté marcada por una filiación étnica o religiosa, aunque todos los miembros compartan las mismas. Como afirmamos anteriormente es más bien una red parental, que se origina en los vínculos que comparten 4 migrantes en Argentina y a partir de los cuales se despliegan los demás lazos.

Una red parental que comparte un proyecto migratorio similar, que marca el pionero: Massa llegó en el 2001 y como los demás migrantes se vinculó en la venta de bijouterie en la calle, en el sector de Once. Luego, tras años de asentamiento logró alquilar algunos locales, variar su mercancía y vender en otras proporciones. Con esta dinámica, Massa ha establecido un estilo de vida en el cual trabaja 9 meses en Argentina y viaja a descansar 3 meses en Mekhe y Dakar todos los años.

De hecho, aunque su esposa Binta está en Senegal no piensa en la reagrupación familiar y mantiene su relación y sus hijos a la distancia y a través de las visitas anuales reafirma su papel como proveedor del hogar. En destino, como lo permite el Islamismo, se ha propuesto conseguir otra esposa.

De esta manera, la experiencia de Massa ha facilitado que tres miembros más de la familia hayan emigrado al destino y él ha brindado las ayudas necesarias para su inserción económica. Los familiares llegan a trabajar como empleados en los locales de Massa y él tiene la posibilidad de instalar nuevos puestos, mientras él se dedica solo a administrarlos.

A largo plazo, estos emigrantes -con los vínculos más fuertes-, también aspiran a imitar este proyecto migratorio del pionero y de a poco van buscando su independencia para lograr este objetivo.

La fuerza de los vínculos en este caso se da por la parentalidad: lazos familiares que se dan en origen a través de una cadena migratoria y que luego se despliegan en una red que trasciende las fronteras.

No obstante, la fuerza también radica en que estos migrantes más allá de compartir un vínculo familiar, comparten un proyecto migratorio con el que pretenden mejorar la vida de los suyos y emanciparse. Y es a través de este proyecto que se refuerzan los lazos con el apoyo diario.

Nibu, Jane y Dieck, familiares de Massa (el pionero), comparten las siguientes similitudes: son jóvenes, ninguno está casado o tiene algún pacto para casarse y ven la posibilidad de migrar como una oportunidad para mejorar sus ingresos, independizarse, ayudar a su familia y posicionarse en destino y origen:

En destino (ante la comunidad migrante), consolidar una imagen de éxito al tener locales de venta y poder viajar cada año a Senegal y, en origen con la comunidad local al posicionarse como migrante exitoso que además de ser proveedor, viaja y reafirma su posición de liderazgo a nivel familiar.

Es así como para los demás miembros de la red el estilo de vida de Massa es un ejemplo para cubrir a cabalidad con sus propósitos, teniendo en cuenta como aseguraron ellos mismos que las posibilidades de empleo en Mekhe son casi nulas.

Es válido resaltar, como hicimos en la red anterior, la presencia de dos mujeres migrantes quienes viajaron sin un pacto de casamiento o por temas de reagrupamiento familiar. Se trata de Dieck, divorciada, quien viajó como una forma de sostener económicamente a su hijo Abu, que está en Senegal y Jane, quien viajó para enviar dinero a su familia y como una forma de lograr su independencia.

Un proyecto migratorio que incluso permeó a algunos miembros con los que se compartían lazos más débiles como es el caso de Fallou, quien recibió el apoyo de Massa al llegar y quien tiene como prioridad además del envío de dinero, ahorrarlo para comprarse algún local en destino, contratar algún empleado y poder ir de vacaciones a Senegal.

Lo anterior demuestra que los vínculos fuertes no son netamente parentales. De hecho, también se afianzan cuando los migrantes hacen parte de los proyectos migratorios de otros. En este caso nos referimos a Bouba quien comparte un fuerte vínculo con Massa, un lazo que se creó en el intercambio de favores mutuos:

Massa le dio la oportunidad a Bouba de trabajar como empleado en uno de sus puestos de la calle, sin ser familiar. De esta manera, Bouba pudo sobrevivir en Buenos Aires, un lugar al que llegó con apenas 2 pesos. El beneficio, al final era mutuo. Massa tenía garantizada la venta en otro de sus puestos, lo que incrementaba sus ventas y Bouba una oportunidad para trabajar en un país en el que con dificultad conseguiría un trabajo.

Incluso hoy el vínculo es tan fuerte, que aunque Bouba tiene su propia mercancía, trabaja junto al puesto de Massa y aún vela por las carteras del pionero de la red.

8.1. Las etapas migratorias: los motivos y la vida en Senegal

Entre los 20 años y antes de los 30, los hombres suelen emigrar en Senegal como parte del nuevo papel de líder y de proveedor que asumen cuando el padre varón empieza a envejecer. Otra razón para emigrar, como indicamos anteriormente, tiene que ver con las ansias de emancipación: "un hombre debe salir a buscar su propio futuro y ayudar a su familia. El sueño es salir, buscar su propio camino. Esto es una costumbre", explicó Bal.

Goldberg, quien ha analizado la migración senegalesa en Barcelona, aseguró que "el emigrado se percibe en origen como un exitoso, un referente social: hacerse hombre, tener dinero, mujer e hijos" (Goldberg, 2004; citado en Zubryzcki y Agnelli, 2009).

Estas razones son, en su mayoría, las que comparten los emigrantes de la red de Mekhe: tanto varones jóvenes, como mujeres jóvenes; quienes tenían trabajos en ventas, carpintería, kioskos y algunos afrontaban el desempleo.

En el caso de las mujeres se comparte el deseo de independencia, de ayudar en la casa y de asumir ese papel de proveedora, como una forma de empoderamiento que vienen experimentando las mujeres en Senegal.

Al tiempo, sin embargo los integrantes de la red de Mekhe (en especial los que luego migran a la Argentina), eran testigos en origen de las distintas realidades de sus hermanos que habían emigrado a países europeos años atrás, especialmente Francia e Italia.

De esta manera la decisión de emigrar de los miembros de la red de Mekhe se ve influenciada por una cadena migratoria de familiares en origen y se extiende como red en otros destinos, que ayudan no solo a tomar la decisión de viajar, sino que incluso terminan financiando gran parte del viaje a la Argentina y la escogencia de este destino por encima de los países europeos donde habían otros de sus familiares.

Este fue el caso en específico de Nibu quien no dudó en afirmar que venir a Buenos Aires fue una decisión tomada en conjunto: "Lo hablamos con mi mamá y mi hermano Ndathie (en Italia), como una manera de venir a trabajar y enviar plata. Aquí también estaba Massa, el esposo de mi hermana Binta, así que iba a ser aún más fácil".

La red de Mekhe surge para Nibu, Dieck y Jane primero como una cadena migratoria en la que se favorecen del apoyo de los familiares en origen y que luego se extiende como una red cuando intervienen familiares en Europa que patrocinan el viaje y ayudan en la toma de la decisión.

La red también se articula con la presencia del pionero en Argentina, quien también es un familiar con quien se comparte un vínculo, y de esta manera como indicamos en el primer capítulo se supera la dicotomía entre el lugar de partida y de llegada y nos permite reflexionar sobre la red de lugares que puedan genera las personas al emigrar.

Reflexionando de esta manera, la familia tiene como prioridad que el hijo que está en edad de convertirse en proveedor, debe emigrar para mejorar la vida de todos. El conocimiento de sus familiares en Europa hace que este nuevo emigrante no viaje a este continente ante las dificultades que ellos conocen de primera mano y ante la experiencia de otro familiar en Argentina, se usa ese "terreno" abonado por Massa para optar por este nuevo destino.

A Massa, el pionero de la red, lo llevó a salir de Senegal la intención de mejorar la vida de su familia. Al igual que los otros miembros tenía el rol de proveedor, pero en este caso para su esposa y sus dos hijos que había dejado en origen. De los miembros de la red que emigraron a Argentina es el único que adelantaba estudios universitarios en literatura francesa.

Kime, Bouba, Fallou y Bal se sumaron a la red de Mekhe al llegar, lo que convirtió a esta red en una "red de arribo" a la que accedieron por diversos motivos: Fallou y Bouba recibieron ayuda al llegar por parte del pionero, Kime se unió por la pertenencia a la cofradía tidjane y Bal porque es uno de los vendedores más antiguos de la esquina de Corrientes y Larrea y además comparte con Massa su proyección como empresarios: ambos tienen locales de venta.

El intercambio diario fortalece los vínculos: de hecho Kime, Nibu y Fallou comparten un departamento con el cual pueden dividir gastos y cenan todas las noches juntos. Para Kime tiene que ver porque son tidjane: "Busco siempre gente de mi cofradía que conserva las buenas costumbres, que saluda, que es respetuosa. Los mouride pueden dejar de rezar, nosotros no. Siempre lo hacemos y eso nos permite estar en paz".

Bal, por su parte, mantiene los vínculos con la red a través del contacto diario que implica trabajar en la calle. Es el único miembro de la red con experiencia migratoria previa pues vivió tres años en Europa y usa ese capital que acumuló de saberes para ayudar a los chicos que recién emigran por primera vez.

Bal y Massa son los migrantes con mayor experiencia no solo de la red, sino de los vendedores de ese sector de Once. De hecho, su prestigio lo validan los más chicos quienes quieren imitar muchos de sus proyectos.

8.2. El viaje y su trayectoria

Foto 2. Llegada de un migrante senegalés a Buenos Aires, desde el Aeropuerto Internacional de Ezeiza

Autora: Lina Sánchez Alvarado.

- Trayecto Senegal – Brasil – Argentina (avión-colectivo)
- Trayecto Senegal – Marruecos – Senegal – Argentina (avión)
- Trayecto Senegal – Ecuador – Perú – Bolivia – Argentina (avión-colectivo)
- Trayecto Senegal – Argentina (en barco)

Massa S., el primer eslabón de la cadena viajó en avión y colectivo, teniendo como lugar de tránsito Brasil. Precisamente para poder entrar a Suramérica pidió la visa de Brasil en Senegal y luego de pasar unos días en Brasil (antes de que se venciera el permiso de entrada), viajó por tierra a Argentina.

Esta experiencia trayectoria sirvió para el itinerario de futuros migrantes de la red. Nibu y Jane programaron sus viajes, de manera muy similar a la de su familiar, por recomendación precisamente de él. Así narró Nibu su viaje:

"Viajé en principio en colectivo hacia Marruecos para solicitar la visa. Ahí estuve unos días y volví a Senegal para arrancar el viaje más largo. Tuve un viaje de un total de 20 horas, primero fue de Senegal a Sudáfrica, unas 12 horas. Ahí pasé la noche y luego salí para acá. Hice el viaje de esa manera porque resultaba más económico. Fue Massa quien me dijo cómo hacerlo y dónde parar", dijo Nibu, quien modificó la parte final del trayecto al conocer que en Marruecos podía obtener la visa para Argentina y entrar sin dificultades.

Los otros de la red, como Fallou tuvieron un recorrido diferente que involucró una experiencia de más días e incluyó otros países. De hecho es un nuevo patrón migratorio detectado en otras investigaciones: Fallou viajó en avión hasta Ecuador y luego entró por tierra a Argentina, pasando por Perú, Bolivia y el norte argentino.

Aunque Nibu y Fallou viajaron solo con un año de diferencia, lo disímil de su recorrido puede atribuirse al acceso de información que tuvo cada uno en el momento de viajar. Nibu tenía la experiencia migratoria previa de un familiar, mientras que Fallou apenas tenía algunos datos que le había dado un amigo. Al llegar, como muchos, los contactos eran escasos.

La fuerza de los vínculos es lo que marca la diferencia en el acceso de información sobre el trayecto migratorio para llegar a destino. Es por esto que para migrantes como

Nibu, Dieck y Jane, la experiencia de Massa se convirtió en un capital importante al que accedieron gracias a la cadena y red migratoria, marcada por vínculos fuertes.

También el apoyo financiero de la familia en origen y de los hermanos en Europa permitió que el viaje se hiciera en avión y fuera aún más cómodo al pasar por un puesto migratorio sin complicaciones: "Si tenés más plata viajas todo el trayecto en avión. Sino, hacés el recorrido desde Ecuador en colectivo que resulta mucho más económico, pero es más riesgoso", comentó Nibu.

Este fue el caso de Fallou, que aunque contó con el apoyo de sus hermanos en Europa, no contaba con un vínculo fuerte en Argentina, sino con el contacto de un amigo que había viajado de Senegal a Ecuador en avión y luego en colectivo desde este país, sin registrarse por los puestos migratorios de estos países:

> "Pasé por Perú, Bolivia y el norte de Argentina. Estuve 5 días en Perú, pero no comí nada porque no me pasaba. Solo pude descansar al llegar, cuando por fin pude llamar a mi mamá y avisarle que había llegado bien", expresó Fallou.

El caso de Bouba fue completamente diferente. Bouba tenía como destino Estados Unidos y sin ningún contacto en este país, pagó para ser llevado en barco hasta un puerto en Miami. Viajó de Mbacke, de donde es originario, a Dakar y ahí abordó un barco durante varios días.

"No sé cuánto tiempo pasó, fueron días donde todo estaba oscuro y donde nos alimentábamos con una especie de cereal", contó Bouba, quien pagó 10.000 dólares por el viaje. En el mismo barco escuchó a otros dos senegaleses.

En su relato aseguró que fue abandonado en una playa que no era como las fotos que había visto de Miami. "Todo se veía más pobre y la gente hablaba un idioma que no entendía. Me tomó días comprender dónde estaba parado. Me habían engañado", agregó Bouba, quien desembarcó en Mar del Plata, ciudad costera de Argentina.

Pero su viaje no terminó ahí. Bouba fue rechazado por las autoridades argentinas y enviado a la frontera con Bolivia, luego al intentar volver a entrar perdió el último dinero que traía y tuvo que llamar a su familia para que le enviaran dinero. Finalmente, bajo la figura de peticionante de refugio pudo llegar a Buenos Aires con apenas dos pesos, donde se insertó primero en una red de connacionales y luego en la red de Mekhe.

Bouba contaba apenas con una cadena migratoria que era su familia, sin embargo esta cadena no tenía una experiencia migratoria ni estaba inserta en ninguna red ni en el destino deseado (Estados Unidos) ni en el destino final (Argentina). De hecho Bouba es el primero de su familia en salir de Senegal y la ausencia de estas redes transnacionales hicieron aún más precario su trayecto.

8.3. La llegada y la adaptación: "-¿Y el castellano? -¡Ja! La calle le enseña"

Massa y Bal se mueven con habilidad por la avenida Corrientes, en el sector de Once. A ambos los conocen a lo largo de este corredor, justo en las calles donde cualquier transeúnte resulta sumergido en una marea de gente. Ambos son los más antiguos de la red Mekhe y conocen a la mayoría de senegaleses y vendedores de ese sector.

Los dos están al tanto de los chicos nuevos, de los que llevan un tiempo y ellos mismos también están pendientes de sus puestos de lentes o carteras. Massa es tal vez el de mayor habilidad de la zona para vender carteras o eso dicen sus paisanos.

- Agarralo, miralo sin compromiso. Es de muy buena calidad, con cierres y terminados únicos. Tapa delantera y además de varios colores- le dice a una transeúnte desprevenida que se queda mirando el tumulto de carteras sobre la vereda.
- ¿Y cuánto sale?

- 150 pesos. ¡Llevatelo que es el último que me queda! Esos los traje hoy y se vendieron todos.
- Bueno, gracias. Voy a mirar- la mujer deja el bolso en el suelo.
- Probatelo, decime ¿cuánto tenés?- le dice Massa con convicción. En el fondo sabe que no puede dejar perder ese cliente. Al final, la mujer accede y se lleva el bolso.

"Massa tiene habilidad para vender, sabe cómo hablarle a los clientes. Él sabe de esto", indicó Nibu y agregó que quien quiera sobrevivir vendiendo en la calle, debería pasar unas semanas aprendiendo de Massa. Y fue precisamente él quien le enseñó a Nibu recién llegó en el 2011. "Hola qué tal ¿todo bien?", repite aún con timidez Nibu y luego intenta llegarle al cliente con: "probatelo sin compromiso", pero no lo dice muy seguro y los clientes no alcanzan a escucharlo.

Los primeros días de Nibu en Argentina resultaron más "llevaderos" gracias a la compañía de Massa. "Cuando llegué al aeropuerto de Ezeiza fue un senegalés por mí. Se acercó y me preguntó si conocía a Massa, le dije que sí y me llevó con él hasta microcentro donde vivía", contó Nibu.

Los primeros meses la comida y la vivienda fueron suministrados por Massa. Luego pasó unas semanas en uno de los locales de él, aprendiendo las palabras básicas y después, con mercancía propia, salió a la vereda a vender. Nibu está ahora justo al frente de Massa y junto a Massa está ahora Jane, quien llegó hace poco y está en sus días de entrenamiento.

"Hola, qué tal" y "200 pesos", "100 pesos", es lo único que ha aprendido Jane estas semanas.

- ¿Y el castellano? ¿Está tomando clases?
- ¡Ja! La calle le enseña, como nos tocó a todos.

Dieck, Jane y Nibu tenían preparada su red de arribo desde antes de partir. De hecho, la misma está firmemente unida a la cadena migratoria que preparó su viaje. Y fueron precisamente vínculos parentales fuertes los que permitieron que accedieran a vivienda y trabajo, de acuerdo a la experiencia de Massa.

Estos vínculos fuertes se dan en mayor medida entre Massa y sus hermanas en Senegal, por las cuales recibe a sus sobrinas Dieck y Jane. El vínculo con Nibu es su hermana Binta, quien está casada con Massa. Estos lazos, a través de las fronteras, ayudaron a desplazar solidaridades entre origen y destino.

Es de esta manera, como la red les permitió a Nibu, Dieck y Jane partir de Senegal, teniendo certeza a dónde iban a llegar, certeza además de poder contar con una vivienda, comida y trabajo.

Massa los recibió a los tres, les enseñó a vender y luego cada uno adquirió mercancía para trabajar por su cuenta. A cambio Massa recibía apoyo para los distintos locales que tiene: actualmente tiene dos locales en Entre Ríos y uno en San Justo, donde su única hermana en Argentina trabaja.

"Siempre busco personas de confianza para que trabajen conmigo", explicó y que mejor que sea su propia familia. De hecho, en Corrientes y Larrea siempre hay un paño extendido con sus carteras que atiende su sobrina Jane, Fallou y Bouba.

De esta manera Massa puede viajar a comprar mercancía, incluso fuera del país, y estar pendiente de los diferentes locales que administra.

Los vínculos parentales entre Dieck, Jane, Nibu y Massa se afianzan en el periodo de llegada, porque ellos como nuevos migrantes confían en Massa y su experiencia, y él aprovecha esa confianza también para hacer andar su negocio.

Es innegable que pertenecer a la red de Mekhe, a través de vínculos fuertes, permitió que Dieck, Jane y Nibu tuvieran de primera mano conocimiento sobre qué vender, cuándo, en qué lugares y además dónde guardar la mercancía. Sin la experiencia de Massa, conocer estos detalles les habría llevado más tiempo.

Los lazos entre estos migrantes y el pionero también se fortalecen con el intercambio de favores diario: los recién llegados reciben ayuda de Massa, algunos un espacio privilegiado en una de las esquinas más transitadas de Once (punto que desarrollaremos más adelante) y Massa tiene garantizada la venta de sus productos sobre esta vereda.

A escasos metros de Jane, trabaja Fallou quien dijo que acá lo primordial es llegar a trabajar y enviar dinero antes que cualquier otra cosa: "Mi familia es importante, si tengo plata, hay plata para todos". A diferencia de Nibu y Jane, a Fallou lo recibió un amigo, que le enseñó lo básico de castellano para vender y luego él siguió solo.

A Bal lo recibió otro chico que no conocía: "Cuando llegué un tipo me prestó plata, me consiguió un lugar para vivir por tres meses sin pagar, comíamos juntos… Recién cuando uno llega, los otros senegaleses te reciben en sus casas. Se hace comida y no se cobra. Todos lo hacemos", contó.

Bal, Bouba y Fallou se insertaron en una red por pertenencia nacional: fueron recibidos por otro senegalés que les permitió vivir por un tiempo en su casa y recibieron dinero para arrancar a trabajar. En el caso de Bouba, logró vender ropa tradicional de Senegal que había traído y así compró sus primeros lentes para la venta, lo que resultó un fracaso porque empezaba el invierno y nadie le compraba.

La etapa de adaptación que le permitió a Nibu o a Jane trabajar y aprender algo de español los primeros días no fue tan cómoda para Bal, Bouba y Fallou. Sin embargo los tres se insertaron a la red de Mekhe en un segundo momento.

Las razones por las que Bal, Bouba, Fallou y Kime se insertan a esta "red de arribo" se mueven entre la pertenencia a la cofradía tidjane y a que comparten un proyecto migratorio en común, que suma al del pionero. Bal, al igual que Massa, tiene también locales y a su vez mantienen puestos sobre las veredas de Once. Son vistos como líderes en la zona.

Massa es como el "nodo central" de la red y a partir de él también se unen Bouba, Fallou y Kime. Massa promueve varias reuniones y encuentros tidjane y también ha ayudado a diferentes senegaleses que llegan por primera vez y necesitan alguna plata para empezar a trabajar.

Es a través de Massa, que Nibu conoce a Kime y a Fallou y es por esta razón y además porque tienen similar filiación religiosa que los tres alquilaron un departamento juntos. Además los tres, por ser más jóvenes y migrantes más recientes, comparten un fuerte vínculo con sus madres a través de las fronteras, que lo mantienen vivo a través del envío de dinero y las llamadas.

Durante la etapa de adaptación los tres aprendieron a cocinar, asumiendo el rol que está asignado socialmente a las mujeres: "Cuando llegué acá todo era nuevo. Yo aprendí a cocinar, porque en África las chicas cocinan. Acá llega uno sin nada y quienes te dan posada, terminan enseñándote a cocinar", confesó Fallou.

En el caso de Massa, quien vive con su sobrina Jane y su hermana, el rol de la cocina lo siguen ocupando las mujeres.

¿Cómo se vive la lógica de la red en el trabajo diario?

Todos los integrantes de la red de Mekhe, menos Kime, trabajan cerca sobre una de las esquinas más concurridas de Once. Trabajan en una vereda Massa, Jane, Bouba y Fallou y del otro lado Bal, Dieck y Nibu.

El lugar se lo ganaron primero los migrantes más antiguos. "Hace mucho tiempo llegué a esta vereda. En ese momento no había nadie. Por eso la gente sabe que yo llegué primero y que estoy acá, se le dice a la gente y la gente se va. Aquí hay códigos de respeto", explicó Massa.

El pionero de esta red, aunque tiene locales en otros puntos, no ha dejado de vender en la calle por ser uno de los puntos donde mayor venta tiene. Es así, como con una visión estratégica Massa ha puesto a sus familiares y amigos junto a él en la venta sobre la vereda como una manera de controlar lo que se ofrece en este espacio de la avenida Corrientes.

Fallou, Bouba, Massa y Jane ofrecen diferentes productos también como una manera de no hacerse competencia y atraer la atención de quien pase. Lo mismo ocurre al otro lado de la vereda con Bal, Nibu y Dieck: lo que hace que los productos varíen entre lentes, carteras, zapatos para bebé, perfumes y bijouterie.

Sin embargo, los lazos de confianza con este nodo central (el pionero), que dependen de un intercambio de solidaridades anterior o de si existe un vínculo de parentalidad, determinan quien ocupa los lugares en la concurrida calle Corrientes. Lo que explicaría porque Kime trabaja en el barrio de Flores y aunque le ha pedido a Nibu trabajar junto a él, no ha podido establecerse aún en Once.

9. La red Baye Fall

Un total de 17 personas hacen parte de la red Baye Fall: de los cuales 8 migraron y viven actualmente en Argentina, 5 nunca han tenido experiencia migratoria y viven en Senegal, 2 nacieron en Argentina y otros 2 son oriundos de Senegal, pero migraron a países europeos (Véase Gráfico 3).

El primero de los integrantes de la red que migró a Buenos Aires, lo hizo en el 2006. Luego, los demás miembros lo hicieron los años siguientes en un periodo que abarcó del 2006 al 2014. Esta red, específicamente el grupo que migró a la Argentina, está compuesto en su gran mayoría por hombres entre los 22 y 30 años, a excepción del pionero que tiene 42 años.

La red baye fall se trata de una "red de arribo" de la cual sus miembros empezaron a sumarse al llegar al destino, provenientes de distintas cadenas migratorias en origen. A diferencia de las dos anteriores redes, esta es una red por pertenencia religiosa y es precisamente por la que fue nombrada de esta manera: gran parte de sus miembros se reconocen como Baye Fall, un grupo del mouridismo.

"El mouridismo es una de las tantas cofradías islámicas presentes en Senegal, aunque la mouride es la única propiamente senegalesa; se estructuró alrededor de la ciudad santa de Touba originando una diáspora ligada a dicha ciudad a partir de la emigración de sus discípulos al extranjero en vinculación a un proyecto común que construye y reafirma la identificación con la cofradía y con un Islam eminentemente senegalés desde cualquier parte del mundo. Hoy la cofradía es de vital importancia en el mantenimiento de una identidad transnacional, proveyendo a los migrantes puntos de referencia espirituales e ideológicos" (Zubrzycki, 2011).

Los Baye Fall son un grupo dentro de la cofradía mouride que sigue a Ibrahima Fall, un discípulo de Amadú Bamba, fundador del mouridismo. Es un grupo con influencias del Islám y del rastafarismo: "Ibrahima Fall era un seguidor de Amadú Bamba. Fue más lejos que el primero en su sacralización del trabajo y se consagró a trabajos manuales, en concreto artesanales, como forma de adoración. Pronto a éstos se sumó la música, sin la que los africanos no saben vivir. Así se desarrolló un subgrupo de los *muridas*, los *baye fall* (*bay fal*), dedicados a labores artesanales o artísticas, incluida la música", (Portal Web Mashaallah, 2008).

Los integrantes de esta red comparten códigos culturales, costumbres y un estrecho vínculo por su pertenencia religiosa: es usual verlos usando remeras con los colores de Senegal o con motivos alusivos a África, verlos escuchando reggae y llevar su cabello con rastas. De hecho, como aseguró Bob S., uno de los integrantes de la red, "entre Baye Fall nos reconocemos por la forma de saludarnos: "Yasalam", de hablar. Inmediatamente sabemos que es uno de nosotros", expresó.

Los orígenes de quienes hacen parte de la red Baye Fall varían entre la región de Diourbel y la ciudad de Dakar. En su mayoría son Wolof y uno de ellos se reconoce como mitad Bámbara y mitad Serrer.

Los migrantes de la red, a excepción de una mujer, son varones que pueden enmarcarse en el perfil de los migrantes jóvenes que vienen para independizarse y así asumir su rol como proveedor de su familia a la distancia y para viajar por el mundo.

"¿Qué es migrar? Es aprender de la vida y de sus realidades", escribió en su celular Azul, quien como los otros miembros de la red espera seguir viajando y trabajando en otros países antes de regresar a Senegal.

Es una red con un gran número de vínculos de amistad y en menor medida de parentalidad y la fuerza de los lazos está marcada por el compromiso con su filiación religiosa y por el apoyo mutuo en el desarrollo del proyecto migratorio.

De hecho, es una red que como la de Mekhe trabaja sobre una misma vereda brindándose apoyos mutuos: trabajan en parejas, comparten las ganancias y luego las dividen en partes iguales para enviar dinero a casa. En la filiación religiosa suelen sumarse a todas las celebraciones propias del mouridismo desde su papel como baye fall (la sacralización del trabajo): ayudando en la cocina y en la preparación del evento y, particularmente, se reúnen como baye fall todos los domingos.

Dentro de esta red podemos enumerar una reagrupación familiar, por parte del pionero. Los demás comparten vínculos fuertes con sus madres a través de la distancia, compromiso que reafirman con llamadas, mensajes diarios y remesas mensuales.

9.1. Los motivos y la vida en Senegal

Un 'djaro', un anillo con un pergamino que tiene impresa una frase en árabe, es el regalo que las mamás le hacen a sus hijos cuando salen al exterior. El 'djaro' los cuida y los protege según la tradición y es la pieza que tienen en común los migrantes de la red Baye Fall.

Una red de hombres jóvenes que salen de Senegal en una demostración de "valentía" y de su paso a la adultez. Los miembros de la red Baye Fall se dedicaban a las ventas y al comercio en Senegal y ninguno adelantaba estudios en el momento de migrar. Otros, como Azul intentaba a toda costa salir del desempleo.

Es de esta manera como se activan los vínculos de solidaridad en la cadena migratoria y al igual que en la red de Mekhe, los padres aportan parte del dinero para que sus hijos lleguen a destino. Es un dinero que se invierte teniendo en cuenta que ese hijo empezará a aportar al hogar a través de remesas.

Los miembros de la red Baye Fall cuentan con experiencia migratoria previa: Bob y Azul habían vivido y trabajado en otros países africanos y Madu y Max vivieron una temporada en Brasil.

Como dijimos anteriormente, los miembros de esta red parten de diferentes cadenas migratorias. Los únicos que pertenecen a la misma son Moustafa, Yede y Pablo, quienes comparten vínculos de parentalidad.

Moustafa parte primero como pionero de la red, quien luego se reagrupa con su esposa en destino dos años después. Pablo, primo de Moustafa, logró no solo el apoyo de su cadena migratoria en origen, sino que los vínculos se desplegaron a través de una red transnacional que le permitió conectarse con el pionero al llegar.

Azul, Rat y Max, cada uno de una cadena migratoria en origen diferente, recibieron parte del financiamiento de su viaje de sus familias. Sin embargo, al no tener un contacto en Argentina, no contaban en su momento con una red de arribo al llegar y esto originó que tuvieran que pagar por la información sobre cómo viajar y acudir a redes nacionales para su inserción.

No obstante, Azul y Max luego reciben a Bob y a Madu lo que empieza a activar la red Baye Fall, que finalmente se estructura en el día a día que se vive a través de la inserción laboral de los miembros de esta red.

De hecho, no resultaba una preocupación la inserción. Varios de estos miembros tenían a su favor dos elementos: habían trabajado en otros lugares lejos de su origen y como baye fall no veían como una barrera llegar a insertarse laboralmente en cualquier ámbito, teniendo en cuenta que el trabajo es una forma de consagrarse a Dios.

En resumen, los integrantes de la red coinciden en asegurar que vinieron para buscar "su propio destino":

"Vine a conocer el mundo", dijo Madu.

> "Nosotros (los Baye Fall) somos de trabajar, salimos de nuestro país a otro buscando algo mejor, una mejor vida. Podemos ir a cualquier lugar, siempre buscando trabajar y mejorar", explicó Pablo.

"Yo soy un tipo al que le gusta viajar, conocer cómo vive la gente y entenderlo. Por eso estoy acá", confirmó Bob, que espera contar con ahorros y los documentos para seguir probando suerte por otros países de Suramérica.

¿Por qué Argentina?

Azul comparaba a Argentina con el paraíso: "me lo imaginaba como América, como Estados Unidos, que era un país muy grande. Así lo describían todos en Senegal". Y es que viajar a Argentina como una opción para enviar dinero fue un rumor que escuchó Rat, Max, Bob y Azul.

Tal vez algún conocido les comentó, pero ninguno de los cuatro conoció a alguien que hubiera viajado. La única información que tenían a mano era el costo del viaje y eso se mezclaba con una especie de incertidumbre: pagaban, pero dependía en gran parte de ellos llegar al destino.

Otra fue la realidad de Pablo, quien contaba con la red de arribo y que además tenía la experiencia migratoria de su primo Fallou que había vivido varios años en Europa. Según Pablo, era conveniente venir a la Argentina, ante la dificultad de conseguir documentos para viajar a países del viejo continente.

A Pablo también lo motivaba la vida que había logrado su primo Fallou en Senegal, luego de años de emigración en Europa: hoy era el dueño de su propio local y tenía una vida de bastantes comodidades para él y su familia

9.2. El viaje y su trayectoria

- Trayecto Senegal-Brasil-Argentina
- Trayecto Senegal-Ecuador-Perú-Bolivia-Argentina

La transmisión de información acerca de cómo viajar varía en dos patrones en esta red, dependiendo del acceso a la misma. Pablo, por ejemplo, replicó el viaje que hizo Moustafa (el primer eslabón de la cadena), su primo y pudo viajar sin muchos contratiempos.

> "Solicité la visa para Brasil en Senegal y viajé en avión hasta ahí. En Brasil pasé tres días. Compré ropa y mercancía para vender y luego emprendí el viaje en colectivo para Argentina. Mi primo me dio consejos muy útiles. Fue un viaje que me tomó unas tres semanas", contó Pablo.

Los hermanos Max y Madu hicieron un recorrido similar, solicitando la visa para Brasil y luego entrando por tierra para Argentina. Sin embargo, pasaron entre tres meses y un año en Brasil "probando suerte", luego siguieron su trayectoria.

Aunque hasta Brasil viajaron con la tranquilidad de tener documentos, al cruzar a la Argentina los migrantes aprovechan la porosidad de la frontera y pasan caminando, evitando los puestos migratorios:

> "Es una suerte si entrás o no y yo la tuve. Hay un poco de quilombo, pero no tanto como en otras fronteras. Muchos oficiales saben que somos buenos y eso nos ayuda", aseguró Max, quien entró por la ciudad de Barracao (Brasil).

En general, quienes vienen de Brasil saben cómo cruzar la frontera, gracias a que vienen referidos por alguno que ya está en destino como Pablo o porque se ven beneficiados por redes de otros senegaleses que hay en Brasil y que se transmiten unos a otros cómo poder entrar sin complicaciones.

El caso de Azul es muy diferente. Sin ningún contacto y luego de un intento de migrar fallido a Portugal en barco, a través de Mauritania, escuchó sobre Argentina. "Un amigo que había venido acá, me contactó con un conocido en Dakar que prometió traerme a Argentina. Uno no conoce y por eso resulta pagando para que lo ayuden a entrar", comentó Azul.

Finalmente Azul viaja a España y luego a Ecuador, país que no solicita visa para entrar. Luego, emprendió un recorrido por tierra a través de Perú, Bolivia y el norte argentino.

> "En Dakar te dicen Ché si querés viajar para allá te puedo llevar yo, pero vos tenés que pagarme. Esa persona que es de mi país y es el coordinador tiene conocidos en Ecuador, Perú y Bolivia a los que llama y están pendientes cuando uno llega a esos lugares. El tema es que cada vez que alguien te ayuda en un país te cobra. No es un negocio legal y es riesgoso, uno siente miedo", describieron los miembros de la red Baye Fall.

Precisamente a la red le pagan para que los senegaleses pasen, pero muchas veces depende de ellos mismos llegar a destino: sin conocer el idioma los migrantes en Ecuador deben moverse dentro del país para dar con las personas que les ayudarán a cruzar las fronteras (generalmente son personas oriundas del país al que llegan).

La estadía, la alimentación y los transportes durante el trayecto dependen de ellos mismos y algunos por no conocer el idioma y por miedo a ser detectados, prefieren comer poco. Los que se animan se mueven sigilosos en los países a los que llegan, se comunican con señas y no se alejan muchas cuadras del hostel donde se están alojando. Así que adicional a lo que pagan en origen, deben llevar dinero para pagar colectivos, comida, alojamiento y para pagarle a cada persona que hace la conexión en los distintos países.

El viaje puede tomar entre 5 días y un mes e implica pasar por los puestos de frontera sin ser detectados.

> "Tenemos nuestro pasaporte, pero no sabemos bien qué documentos nos piden en cada país, así que evitamos los puestos migratorios. Cada frontera se pasa de forma diferente: En Perú me pusieron debajo de un auto (algunas veces se hace en camiones), en otra tuve que esperar dos noches hasta que por fin logré cruzar y en la frontera Bolivia-Argentina pasé caminando porque eran unas cuatro cuadras", contó Azul.

El trayecto migratorio de Azul fue replicado por Bob. "Supe cómo viajar porque mi mamá contactó al papá de Azul, a través de un amigo. Así que me junté con el papá de Azul y me contó cómo hacerlo. Incluso durante el viaje me quedé sin plata para pagarle a uno de los contactos y llamé de nuevo al papá de Azul y me ayudó", comentó Bob.

Bob reconoce que al no tener papeles era un viaje peligroso y que debía hacerse rápido. "No sentí miedo, porque soy hombre y los hombres sabemos enfrentar estas cosas. Tenía que mantener mi cabeza tranquila y enfocarme en que no estaba haciendo nada malo", aseguró.

En su trayecto Bob se cruzó con dos senegaleses más con los que finalmente pasó las fronteras de Bolivia y Argentina. Sin conocerlos, los tres juntaban plata para comer e incluso le prestaron a uno de ellos que no tenía para pagar el micro hasta Capital Federal.

Rat D. también viajó en el 2012, igual que Azul y Bob y dijo haber sentido miedo. "Uno viene como clandestino, como si fuera a hacer algo malo. No me gustó, por eso traté de hacerlo lo más rápido posible. De Ecuador a Argentina me gasté solo 5 días", dijo Rat.

Durante los trayectos, los miembros de la red Baye Fall hicieron parte de redes por pertenencia nacional a través de las cuales pudieron obtener información sobre cómo cruzar fronteras u obtener solidaridades en el caso de Bob que se cruzó con otros dos paisanos con los que hizo parte del viaje. Redes a las que accedieron en los distintos lugares que implico el recorrido hasta el destino.

Otros hicieron parte de redes con relaciones de verticalidad: como indicamos en el primer capítulo son redes en las que unos poseen la información y los recursos sociales y estos la traducen en un valor económico que accede quien tiene para pagar. Este es el caso de quienes viajaron desde Ecuador hasta Argentina por tierra.

Otros como Pablo al tener una cadena conectada con una red de arribo, tuvieron un viaje más cómodo, seguro y la tranquilidad de tener información sobre el mismo de primera mano. Sin embargo, es importante destacar que el vínculo era un lazo de parentalidad fuerte que permitió establecer confianza para el migrante.

9.3. La llegada y la adaptación: El 'aguante' de los primeros días

Un día del 2012 quedó para siempre en la mente de Azul: La llegada de Bob a Buenos Aires. "Lo vi al otro lado de la vereda, sobre Pueyrredón: "Estaba pálido, sin ánimo. Se notaba que no había comido en días. Lo abracé, le di de comer, lo dejé que se bañara y que luego descansara del largo viaje", contó Azul.

Era la primera vez que se veían en persona, luego de las recomendaciones de su padre, quien le había dicho que vendría un hijo de Fatu, una amiga en Dakar. Azul sabía que Bob vendría desde Ecuador por tierra como el mismo lo había hecho. "Es un viaje donde resulta difícil mantener la esperanza, por eso sabía que debía tomarse un buen descanso", dijo Azul.

Bob descansó toda una noche en la estrecha habitación que han compartido durante dos años. Al siguiente día Bob ya estaba de pie en una de las esquinas más transitadas de Buenos Aires. Sobre Corrientes y Pueyrredón Bob se empezó a acostumbrar al castellano y al agresivo día a día de la venta en la calle.

El entrenamiento duró más bien poco. Bob no traía mucho dinero y sabía que debía invertirlo con urgencia en mercancía. Azul había llegado unos meses antes, pero conocía dónde comprar, qué comprar y además contaba con un espacio en uno de los sitios más concurridos de Once. Esa misma semana Bob empezó a vender, se quedó compartiendo habitación con Azul y el primer mes pudo enviar dinero a su casa en Senegal.

Sin embargo la realidad de Azul fue diferente. Su llegada fue menos amena. Azul llegó sin maletas ni remera y lo primero que pudo hacer fue buscar africanos para pedirles ayuda:

"Cuando me quedé sin un mango (dinero), empecé a preguntar por la gente africana y fue así como di con Plaza Miserere. Así llegamos muchos, sin nada. Aquí hay algunos paisanos que te prestan, te brindan una mano. A mí me ayudaron a conseguir dónde vivir y me prestaron 1000 pesos, que luego pude devolver en dos semanas. No me cobró absolutamente nada, lo hacen de corazón", afirmó Azul.

A Madu lo recibió su hermano quien había llegado tres años antes. Sin embargo, la llegada resultó menos compleja pues Madu venía de haber estado una temporada en Brasil trabajando y en su cabeza tenía claro que quería seguir viajando y conociendo al menos cinco años más. Lo mismo piensa su hermano Max, pero tienen claro que durante esa época deben seguirle enviando dinero a su mamá y a su hermana en Diourbel.

Madu y Max se turnan un pequeño rincón de la esquina de Corrientes y Pueyrredón junto a Bob y Azul. Los cuatro se apoyan y se dan sustento a diario. Conversan, comparten y comen en grupo, en medio de la marea de gente que se pasea desde tempranas horas en esta concurrida calle.

Los cuatro migrantes de esta red tienen como prioridad enviar dinero, pero también son jóvenes y saben que están buscando "su propio destino": los cuatro coinciden en que aún no quieren volver del todo a Senegal y que quieren seguir conociendo otros países.

En su día a día intentan moverse para vender más y por eso a veces no resulta suficiente que solo trabajen en Once. En la semana van dos días en la madrugada a un sector conocido como La Salada y los fines de semana se van hasta el barrio porteño de Puerto Madero, aprovechando la cantidad de personas que salen a pasear y a disfrutar de este lugar.

Además trabajan en equipos: Bob y Azul venden en conjunto sus productos y comparten la ganancia. Azul vende carteras y Bob lentes, luego todo se divide en dos. Lo mismo hacen Max y Madu.

A unos metros sobre Pueyrredón está Pablo, vendiendo lentes y remeras. Como los otros chicos de la red vive a media cuadra del lugar donde trabaja y envía dinero cada mes a su mamá. A Pablo lo recibió su primo Moustafa, lo que le garantizó vivienda, comida y trabajo inmediato.

> "Mi primo tiene ahora un taxi, pero empezó vendiendo mercancía en Once. Yo no sabía muy bien que tenía que llegar a vender a la calle. Me pareció difícil y muy duro, pero era la única opción", cuenta Pablo, quien aprendió de su primo lo esencial para salir sobre la avenida Pueyrredón a vender.

En el departamento de Moustafa no solo vive su esposa Yede, sino sus dos hijos quienes nacieron en Argentina. Estos últimos son los "profesores" de castellano de Pablo:

"Vienen de la escuela y me cuentan lo que aprendieron. Además me corrigen si digo alguna palabra mal", contó Pablo.

En este departamento, Moustafa alquila las habitaciones para otros senegaleses. Precisamente Pablo vive junto a Rat y otros dos muchachos, una alternativa para los que llegan por primera vez y buscan un primer lugar para vivir.

Gracias a esta red, Yede también ha podido hacer algo de dinero y a la vez seguir cumpliendo sus funciones como mamá y cuidadora de la casa. Desde muy temprano prepara comida típica de Senegal para los chicos que trabajan sobre la avenida Corrientes. Con un carrito y de la mano de su hijo recorre pacientemente cada puesto sobre la vereda repartiendo recipientes con comida. En la tarde, los recoge y cobra.

Rat, Pablo, Max, Azul, Bob y Madu trabajan todos sobre la misma vereda con algunos metros de distancia. Pablo y Azul aseguran que pudieron ubicar sus puestos en esquinas concurridas gracias a que fueron uno de los primeros en llegar y esto ha permitido que los demás puedan estar cerca de ellos.

Como en la red de Mekhe, los Baye Fall también trabajan y se cuidan en conjunto. Hablan durante todo el día, se acompañan y están pendientes del puesto de su paisano cuando alguno debe ausentarse del lugar de trabajo.

Bob asegura que para trabajar en Once hay que hacerlo con "sistema" y lo dice para definir las estrategias que con Azul idean para no perder el espacio en la vereda, para aumentar las ventas y para que la competencia no los perjudique.

Pablo también lo sabe y por eso junto a Bob aseguran que para no tener problemas se debe siempre hablar con los dueños del local que están en la vereda donde trabajan.

"La primera vez que vine a buscar un lugar fue hace dos años. No había nadie acá, no había nada prácticamente. Yo saludo a la chica del local, le pregunto si me puedo quedar aquí con mis cosas y ella me dice que vaya y hable con el dueño. Hablo con él y así logro quedarme", explicó Pablo.

"Acá en Once hay mucha competencia. Uno tiene que trabajar con sistema. Estudiar lo que vende, porque hay mucha gente que puede vender lo mismo que vos. Por eso a veces resulta mejor variar los lugares de venta y buscar sitios donde no haya mucha gente vendiendo lo mismo", añadió Bob.

De ese "sistema" o estrategia de trabajo también aseguran que hace parte conversar con los policías que a diario están en el lugar y hacerlos entender que no quieren sino poder trabajar. Al igual que adecuar la mercancía con relación al local que vas a tener al frente.

"Si el local vende remeras, vos no poder vender remeras. Tenés que vender carteras u otro objeto, eso es claro. Y obviamente no a todo el mundo le gusta y si es así te llaman de una vez a la policía y ya sabés que a ese lugar no podés volver", dijo Azul.

La red Baye Fall es la más joven de las tres redes y es una red formada más por vínculos de amistad que familiares. De esta manera se nota como el acceso a los recursos resulta más precario.

La vivienda y el trabajo son recursos a los que se accede de una mejor manera a través de una experiencia migratoria más formada. Sin embargo, de esta red apenas dos miembros tuvieron un acceso más fácil: Yede y Pablo, gracias a sus vínculos familiares con Moustafa, el primer eslabón de la cadena.

Los demás accedieron a estos recursos gracias a la información que circula en las redes nacionales que establecen los senegaleses en Once y que responden a que cualquier senegalés que llegue a Once recibirá el apoyo de otro connacional. Sin embargo, el acceso a estos recursos no se dio de la misma manera como en el caso de Yede y Pablo: consiguen vivienda y comida temporal y deben invertir tiempo para ir definiendo su vivienda definitiva.

En el caso de Azul y Bob están acostumbrados a ir rotando de lugar de vivienda por distintas razones: les incrementan el precio y no tienen la facilidad de acceder a un contrato legal para alquilar un departamento lo que sí tienen migrantes que cuentan con los documentos y los requisitos.

Quienes contaban con la red de arribo desde origen, como en el caso de Pablo tienen una preocupación menos. Los demás de la red acceden a vivienda y trabajo, pero no cuentan con el capital social que tuvo Pablo y que originó su primo Moustafá.

El proyecto migratorio de esta red, como indiqué al principio, contempla no solo a Argentina como último destino, sino el paso por otros países. Son hombres jóvenes que salieron y que no tienen entre sus planes establecerse del todo en algún lugar y menos volver a Senegal para vivir, al menos temporalmente.

Algunos como Bob y Pablo ahorran para poder poner su propio negocio en Senegal y ven la vida en el extranjero como una forma para mejorar su vida al regreso. "Quiero poner un negocio de almacén donde la gente compre granos y alimentos que necesiten a diario para cocinar", contó Bob.

De esta manera, los migrantes de la red plantean su día a día con el fin de ahorrar dinero, enviar a Senegal e ir buscando nuevos destinos. Es también vital mostrar que parte de este proyecto migratorio parece más sostenible entre dos: dos paisanos que se conocieron en Argentina y jamás se habían visto en Senegal o dos paisanos que tenían alguna referencia del otro en Senegal.

Es así como estos migrantes se mueven entre dos para acceder mejor a los recursos: Pablo y Rat, Max y Madu y Bob y Azul. Duermen en las mismas habitaciones e incluso compran mercancía entre ambos y luego reparten las ganancias entre dos.

En este caso, en palabras de Pedone podríamos decir que la red empieza a articularse horizontalmente, basándose en "reciprocidad, lealtad, solidaridad y cooperación establecidas por otros migrantes ya establecidos en la comunidad de llegada", (Pedone, 2010).

> "Yo vivo con Rat, es más que un familiar, es mi amigo, mi hermano… hay personas con las que tenés una relación más importante que con tus hermanos de sangre. Duermo con él, nos ayudamos entre nosotros, hablamos toda la verdad", cuenta Pablo.

> "Siempre intentamos vender lo más que podamos. Por eso a veces aprovechamos vender en el día en Once y en la madrugada en La Salada. Vamos juntos porque es peligroso y luego en el día, mientras uno duerme un poco, el otro descansa y luego nos intercambiamos", relata Azul.

Los lazos fuertes de la red se generan entre dos paisanos que no necesariamente comparten vínculos de parentalidad o de amistad previos a la experiencia migratoria. Como indicamos unos capítulos arriba, siguiendo a Granovetter, los lazos dependen de la combinación de cantidad de tiempo, intensidad emocional, intimidad y servicios recíprocos.

En este caso, los migrantes operan de a dos y tienen en común los siguientes aspectos: comparten una casa, no tienen vínculos parentales en destino, comparten un proyecto migratorio, una pertenencia religiosa, se respaldan en el trabajo diario y además tienen un mismo sueño: viajar y retornar a Senegal así pasen "50 años". En algunos casos como el de Bob y Azul, los familiares en destino también establecen vínculos que promueven ellos mismo desde el origen.

De hecho, la mamá de Bob suele hablar con Azul y el papá de Azul suele hablar con Bob. Ambos padres, aunque viven en localidades diferentes en Senegal también se mantienen en contacto. Estos vínculos transnacionales nacieron dentro de la red Baye Fall de arriba.

Podríamos inferir que la red se articula horizontalmente en el destino, debido a la hostilidad del viaje que enfrentaron la mayoría de miembros de esta red. Frente a esa experiencia pasada, donde la red se articulaba verticalmente y donde a pesar de pagar, viajaban en condiciones adversas, al llegar se extienden los lazos de solidaridad con los paisanos que vivieron experiencias similares. Las redes se articulan horizontalmente, como una manera de resistir a la articulación vertical y hostil del trayecto migratorio.

10. Las tres redes comparativamente

Estas tres redes descritas nos permiten vislumbrar la diversidad de vínculos que se tejen entre los 28 migrantes senegaleses en Argentina que hacen parte de las mismas y cómo estos lazos inciden en las diferentes etapas del proceso migratorio.

En su composición las redes fueron definidas de acuerdo al motivo que genera los vínculos entre los migrantes establecidos en destino, teniendo en cuenta variables como el territorio de origen, la vinculación parental y la pertenencia religiosa y étnica. Y atendiendo también a factores que permitan dar un "uso fuerte" del concepto de red, es decir vínculos que no necesariamente puedan estar determinados por las variables anteriores.

De esta manera, surgieron las redes de Casamance, Mekhe y Baye Fall. La primera una red por pertenencia territorial, la segunda una red parental y la tercera una red por filiación religiosa.

Las dos primeras redes comparten un mayor número de vínculos familiares, que conectan a estas redes con cadenas migratorias en origen. Lo que no ocurre con la Baye Fall, que es más una red de arribo que se formó en destino.

Sin embargo, a pesar del gran número de vínculos familiares de la red de Casamance, esta recibió el nombre de la región de Senegal a la que pertenecen la mayoría de miembros de la red. De esta manera, se daba cuenta de esos vínculos fuertes que no necesariamente eran parentales, sino que estaban marcados por una identidad de pertenencia a un territorio.

En el caso de Mekhe, los vínculos familiares son como el corazón de la red que está sujeto a un proyecto migratorio común que cada uno de los miembros intenta alcanzar, a través de los lazos de la red. A diferencia de la de Casamance, aunque la mayoría comparte su pertenencia a Mekhe, lo que realmente marca la fuerza de los lazos es el proyecto migratorio y especialmente a que muchos al llegar se suman y contribuyen con el objetivo migratorio del pionero.

Por su parte, la red Baye Fall tiene una clara conexión con la cofradía que lleva el mismo nombre y a partir de la cual sus miembros extienden solidaridades para lograr sus objetivos en destino y origen, teniendo como común denominador los hábitos, costumbres y creencias de su filiación religiosa.

En cuanto a la pertenencia étnica, algunas redes pueden dar cuenta de una heterogeneidad interna, especialmente en el caso de Casamance. Sin embargo, la mayoría de miembros de las redes suelen compartir una misma pertenencia étnica o agruparse con miembros de otras con las que existan similitudes.

De ahí que en la red de Casamance no haya miembros wolof y en la red de Mekhe, no haya miembros diola. No es una coincidencia, pues según los migrantes de estas redes existen diferencias entre estas etnias en origen: los wolof por ser la etnia mayoritaria, que está en Dakar (la capital) y los diola, que están en el sur, una región que se siente olvidada y apartada de otras regiones del país, especialmente de la capital.

Los miembros de Casamance comparan las diferencias entre wolof y diola con la relación que existen entre porteños (habitantes de la Capital Federal, de Buenos Aires) y los habitantes del interior (provincias de Argentina): "La gente de la ciudad o los porteños son menos unidos y más presumidos. La gente del interior como nosotros en Casamance somos más unidos, más solidarios", explicó una de las integrantes de la red de Casamance.

En voz de un Mouride, "en Senegal todas las etnias se agrupan sin problema, pero los diola no. Los diola son de apartarse, de aislarse. No se integran y mucho menos con los wolof", contó Bouba, de la red Mekhe.

De esta manera, estas diferencias que se dan origen, se trasladan al destino y eso se refleja en la manera en que se agrupan los migrantes al llegar.

En la pertenencia religiosa, los miembros de las redes suelen agruparse con otros migrantes con los que se comparte la misma filiación religiosa: en este caso Tidjane en Casamance y Mekhe y Mouride-Baye Fall, en la red Baye Fall. Sin embargo es en esta última donde cobra una mayor importancia la pertenencia a una cofradía, en las otras redes no resulta tan prioritario o en el caso de la red de Mekhe, revivir las costumbres tidjane es una manera de marcar su diferencia con la mayoría de migrantes mouride que hay en Buenos Aires.

Una de las grandes similitudes de las tres redes tiene que ver con los motivos por los que migraron y las razones por las que escogieron a Argentina como destino: En cuanto a lo primero, la mayoría de miembros tiene como razones de la migración los deseos de emancipación, la mejora de la vida de los suyos y la curiosidad por viajar y tener su propia vida.

Así, los varones jóvenes partieron como parte de un proyecto familiar en el que deben asumir el rol de proveedor para ayudar con los demás miembros de su familia y esto mezclado también a una necesidad de independencia.

Las redes también dan cuenta del rol tradicional de las mujeres en la migración senegalesa, en su papel de cuidadora y teniendo como razón de su viaje, la reagrupación familiar. Sin embargo, en las redes también se da cuenta de mujeres que desafían esta tradición y han viajado en un rol similar a la de los varones, como apoyo para sus familias e incluso hijos que quedan en origen.

Argentina como destino, para las tres redes, fue un país al que se eligió debido a la experiencia migratoria de otros familiares que habían viajado a países europeos y que reconocían la dificultad de conseguir documentos para emigrar. Los pioneros vinieron por primera vez, probaron suerte y "abonaron" el terreno para los que venían.

Los que no contaban con contacto en destino, se enteraron del mismo, a través de redes por pertenencia nacional, que motivaron la escogencia de este país suramericano.

10.1. Los proyectos migratorios

Cada red cuenta con un proyecto migratorio diferente que marca la fuerza de los vínculos que se construyen en destino. De hecho estos vínculos se establecen como una vía para la consecución de esos distintos objetivos por los que se construyen las redes.

El proyecto migratorio de la red de Casamance es la reagrupación familiar y el asentamiento en destino. El retorno se anhela, pero el arraigo cobra mayor importancia. No se olvida el origen y más bien se recrea a través de la conservación de costumbres en destino.

Uno de los vínculos más fuertes en esta red se da entre las mujeres quienes se confían el cuidado de los hijos y las labores del hogar. De esta manera, ellas pueden empezar a insertarse laboralmente y sumarse al rol de proveedoras. Estos lazos no necesariamente se reproducen entre parientes, sino que puede darse entre mujeres que en este caso comparten una situación migratoria similar, son de la misma región y comparten las mismas nociones del concepto de familia.

El proyecto migratorio de Mekhe plantea una existencia transnacional: sus miembros no esperan insertarse completamente en destino ni tampoco se habla de un retorno definitivo. Se plantean una vida entre origen y destino, en el que este último sea el lugar que les permita crecer económicamente y el origen para mantener los lazos con su familia y con su esencia.

Los integrantes apuntan a seguir trabajando con mercancías de manera independiente, pero a mayor escala. Comprar algunos locales, contratar paisanos y hacer crecer el negocio para de esta manera estar 9 meses en Argentina trabajando e irse 3 meses a Senegal todos los años.

Esta existencia transnacional también les permite ocupar una posición social tanto en destino como en origen, al ser un migrante "exitoso" que viaja con frecuencia, tiene locales y mantiene su familia a distancia. A diferencia de la red de Casamance, Mekhe es una red que no le apunta a la reagrupación familiar.

Los vínculos fuertes más allá de la parentalidad están marcados por la pertenencia al proyecto migratorio. El pionero como "nodo central" brinda ayudas para la inserción y el nuevo migrante se suma a través de los negocios de este pionero.

Es así como el nuevo migrante sabe que de a poco va a ir independizándose, pero que su éxito depende de aprender del pionero y de su cercanía al mismo. Los lazos se refuerzan en ese intercambio de favores y apoyos con ese pionero que ya logró ese proyecto migratorio que los demás desean imitar.

La red Baye Fall, por su parte, plantea un proyecto que se resume en viajar, ahorrar y retornar. Compuesta en su mayoría por varones, la red se plantea una estadía en destino temporal, que puede variar en distintos países y mientras tanto mantener una existencia transnacional con el origen a través del envío de remesas y del contacto telefónico y por Internet.

Los migrantes de esta red tampoco le apuntan a la reagrupación familiar, sino a mantener su rol como proveedor de la casa con el trabajo que desarrollen en diferentes países para de esta manera conocer distintos lugares y reafirmar su rol como migrante exitoso.

No obstante, a diferencia de la red de Mekhe, los Baye Fall ven el retorno como un hecho primordial. Con un ahorro importante de dinero que les permita crear su propio negocio en Senegal y a través del cual puedan regresar en otras condiciones económicas , formar una familia y reagruparse pero en origen.

Por su filiación religiosa, esta red también visualiza su retorno como una vía para limpiarse y sanarse. "Anhelamos todo el tiempo volver a Touba, estar con los nuestros, hablar de Bamba y estar con otros Baye Fall. Son maneras de limpiarse de tantas cosas que adquirimos fuera de este lugar sagrado", contó Azul.

Ante la ausencia de vínculos de parentalidad en destino, los lazos fuertes de los Baye Fall están determinados por la pertenencia a una misma cofradía, a las ayudas mutuas especialmente en el momento de la llegada y en el día a día de la inserción.

Como indicamos anteriormente, ante la hostilidad del trayecto migratorio, los Baye Fall despliegan sus lazos de solidaridad y operan entre dos, recreando una red más horizontal, frente a la verticalidad del viaje para llegar a destino.

Aunque los proyectos migratorios de las tres redes difieren, podemos afirmar que en la razón por la que los vínculos son más fuertes, las redes tienen grandes similitudes:

La fuerza de los lazos la determinan proyectos migratorios similares, los apoyos mutuos para la consecución de los mismos y un despliegue de solidaridades como respuesta a una inserción que sería inhóspita si no recibieran la ayuda de sus connacionales.

Es importante aclarar que muchos de esos vínculos fuertes se consolidan en destino, como en el caso de la red Baye Fall que es una red de arribo. En las otras redes, los vínculos de parentalidad juegan un papel primordial en la etapa de preparación y del viaje migratorio, al estar conectados con las cadenas migratorias en origen.

De esta manera contar con vínculos fuertes en origen y destino marcan una diferencia en los viajes y los trayectos que se realizan, pues se cuenta con un capital social de información de primera mano que fue construido previamente por un amigo o familiar.

Lo anterior facilitó de esta manera los viajes y la inserción para varios miembros de las redes de Casamance y Mekhe, donde existen mayores vínculos de parentalidad y donde existían lazos en común en el origen.

Mientras los miembros de Casamance viajaban en avión y entraban a Argentina por un aeropuerto, los integrantes de la Baye Fall hicieron un viaje que tomó no solo horas, sino días y que implicó un trayecto en colectivo, evadiendo puestos migratorios y por el cual tuvieron que pagar no solo para viajar sino para acceder a la información sobre el viaje.

En la inserción ocurre algo similar, todos se procuran un trabajo al llegar a través de las redes a las que pueden acceder: unos acuden a las redes que forman los connacionales y otros a redes de arribo generalmente con vínculos parentales.

Los primeros, en este caso los Baye Fall, se alojan en pensiones o residencias, reciben un préstamo de otro connacional y aprende un par de palabras en español para arrancar a vender. Los segundos tienen una vivienda garantizada, generalmente departamentos que han alquilado sus familiares, reciben una etapa de entrenamiento para empezar a vender y algunos hasta toman clases de español para acoplarse al mundo que los recibe. Estos últimos casos se dan más en redes como la de Casamance y la de Mekhe.

La inserción es diferente para los miembros de estas últimas redes por la fuerza de los vínculos, vínculos que como indicamos se forman por un objetivo común en cuanto al proyecto migratorio.

Por eso no fue igual la inserción para una migrante de Casamance que venía a trabajar en común con su hermana, para reforzar el envío de dinero a casa, a un migrante de la red Baye Fall que es el primero en emigrar y que cuenta apenas con el vínculo de un conocido en destino.

En el primer caso, la inserción de la migrante de Casamance fue preparada por su hermana con quien comparten un proyecto migratorio común y en el segundo aunque existe un despliegue de solidaridades, la inserción depende del propio migrante que encontrará un mayor número de obstáculos al no contar con ese capital social.

No obstante, el migrante Baye Fall durante su adaptación coincide con otros migrantes con los que no solo comparten condiciones adversas en destino, sino objetivos comunes (enviar dinero a su familia, viajar, consolidar su imagen como migrante exitoso) y además comparten ideas sobre su forma de vivir a través de su filiación religiosa; producto de esto se generan vínculos fuertes que les permiten a los migrantes de esta red unir esfuerzos en pro de una inserción menos hostil.

Gráfico 8. Cuadro comparativo de las redes

RED	CASAMANCE	MEKHE	BAYE FALL
No. de integrantes	22	23	17
No. de migrantes en Argentina	13	7	8
Tipo de red	Red por territorio (Red conectada a una cadena migratoria)	Red parental (Red conectada a una cadena migratoria)	Red por filiación religiosa (Red de arribo)
Lugar de origen	• Guinea Bissau • Mandengane (Casamance-Senegal) • Bignona (Casamance-Senegal)	• Mekhe • Dakar • Mbacke	• Dakar • Diourbel
Etnia	• Diola • Mandinga • Flum	Wolof	• Wolof • Bambara/Serrer
Filiación religiosa	• Musulmán tidjane • Musulmán Niassen • Católicos	• Musulmán Tidjane • Musulmán Mouride	• Musulmán mouride (Baye Fall) • Musulmán tidjane

Proyecto migratorio	La reagrupación familiar en destino como estrategia para mejorar la situación económica de sus miembros. El origen está presente, se anhela el retorno, pero el arraigo es una constante.	Una existencia transnacional que permita trabajar en Argentina y viajar cada año (por 3 meses) a Senegal.	Viajar, trabajar y ahorrar por varios años. Enviar remesas a la familia y ahorrar para volver a poner un negocio en Senegal. El retorno es primordial.
Trayecto migratorio	• Senegal-Argentina • Guinea Bissau-Brasil-Argentina • Senegal-Marruecos-Senegal-Brasil-Argentina	• Senegal-Brasil-Argentina • Senegal-Marruecos-Senegal-Argentina • Senegal-Ecuador-Perú-Bolivia-Argentina • Senegal-Argentina	• Senegal-Brasil-Argentina • Senegal-Ecuador-Perú-Bolivia- Argentina

Elaboración propia

3

Migrantes transnacionales

Fotos 3 y 4. Las mujeres bailan y cantan música típica de Casamance, durante los domingos de Karambenor

Fotos: Lina Sánchez Alvarado

"Migrar es llevar una maleta con el allá y trasladarla al acá", (Largaespada, 2011)

"La palabra inmigrante evoca imágenes de ruptura permanente, de desarraigo... hoy en día emerge un nuevo tipo de población migrante compuesto por aquellos cuyas redes, actividades y patrones de vida comprenden tanto a la sociedad receptora como a la de origen. Sus vidas traspasan las fronteras nacionales y congregan dos sociedades", (Glick Schiller, Basch y Blanc-Szanton, 2005)

Los tambores retumbaban las paredes. Ellas cantaban en diola, mientras saltaban. Al tiempo, marcaban el ritmo con una pequeña caja de madera. Era domingo en la tarde y los últimos rayos de sol dejaban ver los vistosos vestidos de las mujeres. Vestidos con diseños de la vida allá, de la vida en África, de sus paisajes. La música era como medicina para el final de un día en que no se habló castellano y en el que la casa aún mantenía el olor del almuerzo, del thieb yape, una comida típica compuesta por arroz, merluza, repollo y ají.

Definitivamente, fue una tarde de evocación, una tarde para volver a lo propio y no olvidar los orígenes. Una tarde que se repite una vez al mes como una manera de resistir el día a día y la rutina en la venta de bijouterie. "Es como estar en África. Estamos unidos, en familia", puntualizó Ángela, de la red Casamance.

Era una existencia más allá de las fronteras y que recreaba escenas de una vida en Senegal, pero que físicamente se desarrollaba en Avellaneda, provincia de Buenos Aires.

Era también la expresión de las relaciones simbólicas y las conexiones que las vinculaban más allá de las fronteras, era un cúmulo componentes que permitía denominar a estas mujeres como migrantes transnacionales.

Transnacional porque da respuesta a la situación del migrante que se mueve en el país de destino, pero que conserva lazos con su país de origen. "Se mueve entre ambas realidades y cuestiona la tradicional teoría de la asimilación con la que por años se analizó el fenómeno migratorio", como indicamos en el primer capítulo de este trabajo.

La migración senegalesa y las tres redes detectadas se consideraron transnacionales al estar compuesta por individuos que mantienen sus lazos con Senegal desde distintos ámbitos, lo que coincidió con la definición de transnacionalismo de Glick-Schiller:

> "La migración transnacional es un patrón de migración en el que las personas aunque atraviesen las fronteras nacionales y se asienten y establezcan relaciones en un nuevo Estado, continúan manteniendo conexiones sociales con la comunidad de la que son originarios. En la migración transnacional las personas literalmente viven sus vidas a través de las fronteras nacionales", (Glick-Schiller, 1999; Citado en Portes y Landolt, 2004).

Las prácticas transnacionales que describiremos nos permitieron detectar por cada red cómo se vive el transnacionalismo para esta migración y reafirmar su origen como un fenómeno de base: "Las conexiones transnacionales afectan simultáneamente a más de un Estado-Nación y suelen ser generadas desde abajo por la migración humana", sin desestimar que también la generaron los individuos a través de sus organizaciones y que estos vínculos y las acciones que se produjeron pueden generar cambios en el destino e incluso en el origen.

11. Las prácticas transnacionales de la red Casamance

11.1 La familia extendida

Como hemos venido describiendo, la red de Casamance recrea en destino el concepto de familia del origen: una familia numerosa bajo un mismo techo como una forma de desplegar con mayor eficacia los lazos de solidaridad y de acompañamiento. La gran cantidad de vínculos parentales que unen a los miembros de esta red y su fuerte sentido de pertenencia a un territorio, lo que hace que coincidan en las costumbres y nociones de unión familiar, son las razones que facilitaron que esta práctica transnacional sea uno de los ejes de esta red.

> "La vida acá es diferente a la de allá. La familia vive en una sola casa, pero no solo padres e hijos, sino tíos, primos y abuelos. Se viven en enormes casas que están permanentemente con las puertas abiertas. No se vive solo como suele pasar acá", comentó Awá.

Sin embargo, es importante aclarar que es el capital social de los migrantes más antiguos de la red, especialmente del pionero, lo que facilita un mayor despliegue de esta familia extendida. Sin los años de ahorro y trabajo de Rob y Awá, Casamance no tendría una casa propia que se convirtiera en el lugar físico en el que se recrearía esta familia extendida en destino.

Su experiencia migratoria los posiciona a su vez como el "padre" y la "madre" de esta familia. Son ellos quienes dirigen de cierta forma el hogar, dan consejos y guían a los nuevos migrantes que llegan al país de destino. Internamente, como dijimos antes Awá se encarga de organizar las cenas o de delegar quién cocina, a qué horas se come o a quién se invita a la casa.

Foto 5. La crianza transancional: las mujeres de Casamance crían a sus hijos en destino, con las tradiciones del origen

Foto: Lina Sánchez.

El respeto por los mayores, como ocurre en Senegal, se promueve a los más chicos y lo reproducen también los más grandes. "Me duele ver tanta gente mayor sola en este país.

Para nosotros los mayores son sabios. De hecho en mi casa todas las noches nos sentábamos a escuchar sus historias, sus anécdotas", explicó Awá.

Aunque esta figura (la de los abuelos o adultos mayores) no se da dentro de la familia extendida de la red, si se inculca dentro de los más pequeños llamar tía o tío a cualquier mayor que esté dentro de la casa y a obedecer, porque "los grandes tienen mayor experiencia y siempre podrán aconsejar a los más pequeños", dijo Ángela.

La transmisión de este tipo de valores les facilita a las mujeres de Casamance la crianza de sus hijos, pues permite que cualquier mujer de la red pueda quedarse a cargo, mientras las otras trabajan, y que los niños las vean en el mismo rol de sus padres. La familia extendida es también una forma de transmitir la "africanidad" a sus hijos.

La promoción del respeto por los mayores también es una preparación para un encuentro futuro con sus abuelos y familiares que aún están en Senegal. "Intento que mis hijos no digan malas palabras y que sean respetuosos ni cuestionen lo que digan los mayores. Pienso en el día en que conozcan a sus abuelos y ellos no van a entender si se comportan de otra manera que no sea la nuestra", reafirmó Ángela.

Como una práctica transnacional que conecta a las migrantes con el origen, las mujeres cargan a sus hijos con enormes pañuelos detrás de sus espaldas, justo después de la comida. Una práctica propia de la mujer africana que le permite seguir en sus labores diarias, mientras su hijo duerme sobre su espalda. Sin embargo, son prácticas que se dan dentro del hogar, pues las mujeres procuran no llevar a sus hijos a los ámbitos de trabajo.

Cargar a los hijos en la espalda, atados mediante una tela de gran tamaño parece como indicó Vasconcellos (2011) que "el bebé no representa un estorbo al cotidiano de la madre, sino una extensión de su propio cuerpo".

La misma autora describió los beneficios para el niño que es cargado de esa manera, como parte de una tradición africana que fue implementada por algunas nodrizas en Brasil y que criaban hijos de familias eurodescendientes:

> "Uno de los beneficios aportados por las nodrizas africanas y afrodescendientes derivó del modo de cargar los recién nacidos atados a la espalda, trasmitiendo así profundos conocimientos africanos. Este método beneficia al niño por el contacto con el calor del cuerpo humano (Charpak, 2006); además, la cabeza permanece libre, mientras las piernas en M y las rodillas más elevadas que la cadera, permiten el desarrollo correcto y estable de la columna. De hecho, la medicina reconoce actualmente que este método corrige y previene una patología frecuente en el ser humano: la malformación congénita de cadera" (Vasconcellos, 2011).

Teniendo en cuenta que la totalidad de los hijos de migrantes senegaleses nacieron en Argentina y la crianza se lleva en un solo lugar, no se puede negar que existe una especie de crianza transnacional que debe combinar prácticas del destino y del origen.

Esta familia extendida es parte fundamental en la creación y consolidación de la red de Casamance en su rol como red de arribo. Es a través de las prácticas transnacionales de familia que surgen o se reafirman los vínculos. Lazos que indiscutiblemente trascienden la parentalidad y dependen de las costumbres propias de un territorio y del intercambio diario.

11.2 La comida

Foto 6. Mujeres de la red Casamance comparten un plato de thieb yap.
Se come con la mano, como es tradicional

Foto: Lina Sánchez.

En las noches, como es usual toda la familia extendida se reúne para cenar. Es el único momento del día en el que todos están en casa y es la oportunidad para conversar y reafirmar los vínculos. Intercambio que se da en medio de la comida tradicional y de sus hábitos de consumo, es el momento para conectarse con lo propio, con Casamance, con Senegal.

Para esto una mujer, generalmente Ángela prepara con anticipación la comida para todos. Cocina el repollo, la carne y las verduras, condimenta y prepara todo lo necesario para que al regreso del trabajo de varios de los miembros, la comida esté lista para ser servida.

En enormes fuentes de metal se sirve thieb yap (arroz con carne) o thieb diem (arroz con pescado), este último plato con mayor frecuencia porque es el plato típico de Casamance. Las mujeres se sientan a un lado y los hombres en otro. Se sientan en rueda alrededor de la fuente. La comida se agarra con la mano, se hacen bolitas y se lleva a la boca. Hay un líder en la mesa quien reparte lo que va en la mitad de la cazuela gigante: el repollo, el pescado y los vegetales.

No se usan cubiertos ni platos individuales, el sentido de comunidad aflora en la forma de comer. No se delimita qué es de cada quién y es un buen gesto recibir pedazos de otro o ayudar a quien no logro desprender con una sola mano un pedazo de carne. "Lo hacemos para no adquirir las costumbres de los blancos, comer a nuestra manera nos ayuda a mantenernos como realmente somos", dijo Ángela.

Se habla durante la comida, se ríe y se comenta sobre cómo estuvo el día. En medio de cada manotada de arroz, colmada de picante y de condimento se viaja también a Senegal, a Casamance, al hogar que dejaron allá y se representa todas las noches una típica comida como si nunca se hubieran alejado del origen.

La comida tiene esa doble función alimenta el cuerpo y el "alma", transporta y genera identidad. El arroz es típico de Casamance y todos los miembros de la red lo sienten como suyo, porque de eso vive esa región de Senegal: "El hombre suele preparar el terreno, la mujer siembra, cosecha y recoge finalmente el arroz, el más sabroso de todo el país", comentó Awá.

11.3 Las mujeres de Karambenor

Fotos 7 y 8. Logo del grupo Karambenor y foto de la primera Cena de la agrupación en diciembre del 2014. Logo: Cortesía de Karambenor

Fotos: Lina Sánchez.

La pertenencia territorial a Casamance, la condición como migrantes y como mujeres, frente a una migración mayoritariamente masculina, y un entramado de vínculos parentales afianzaron en una primera instancia los lazos entre las mujeres que hacen parte de esta red. Luego, la crianza compartida de los hijos y el reparto de las tareas del hogar, los reafirman a diario.

A través de sus vínculos las mujeres han recibido contención de sus roles como madres y como cuidadoras del hogar, provenientes de otras como ellas. Ellas mismas han cumplido su papel al llegar al destino: ser madres y garantizar el funcionamiento interno del hogar, sin embargo ellas mismas se han propuesto salir. Encargar los hijos a una de ellas y empezar a aportar, trabajando en las calles como lo hacen sus pares en Buenos Aires, vendiendo bijouterie. Un propósito que logran también por la contención recíproca.

La "ayuda mutua" resulta clave para sobrevivir en el destino y es una forma de reproducir la solidaridad aprendida en el origen y que además circula transnacionalmente entre ellas y quienes están en Senegal. De hecho en algunos casos la ayuda se pactó a distancia: Awá le pidió a su hermana Tara venir para recibir ayuda en la crianza de sus hijos y en los cuidados del hogar, así Tara emigró para cumplir su función.

De esta realidad surge la necesidad de formalizar la ayuda y se crea la agrupación Karambenor, Asociación de Mujeres de Senegal Originarias de Casamance en Argentina. Karambenor, una palabra en diola que define la esencia del grupo desde su origen: "ayuda mutua".

La asociación está compuesta por las mujeres que hacen parte de la red y que se conocieron al llegar gracias a sus esposos y a sus vínculos de parentalidad. Es una práctica de asociación transnacional porque no solo sus integrantes comparten la pertenencia a un mismo origen, sino que su fin es poder cambiar un segmento de la realidad de esa región que dejaron y que evocan en cada encuentro.

Karambenor es también una manera de encontrarse con las que no viven en la misma casa, de integrar a las mujeres que también son de Casamance, pero que el contacto no es diario. "Creamos la agrupación para asegurar que nos íbamos a ver, que íbamos a compartir porque acá resultaba difícil juntarnos por los hijos, el trabajo. Es una manera de sacar la nostalgia, de hablar de cosas de allá, de buscar la manera de ayudarnos mutuamente", confesó Awá sobre el grupo que formó con sus "hermanas".

De esta manera se crearon los domingos de Karambenor, un encuentro mensual en el que las mujeres de la agrupación se reúnen a cocinar, comer, bailar y compartir. Es la oportunidad para lucir las hermosas túnicas tradicionales de Senegal, usar vistosos pañuelos y joyas de gran tamaño, sin estar bajo la mirada curiosa de quienes están en destino.

Se disfruta de suculentas comidas que empiezan por el thieb yap o thieb diem y luego frutas que se comen como postre en platones también comunes. El cierre se hace con atayeh, una infusión caliente similar al té verde que se toma tradicionalmente en Senegal en tres rondas. "Es el mate senegalés", señaló con humor Ángela. Una tradición que conservan gracias a los viajes que hacen los miembros de la red a Senegal, pues el atayeh no se consigue en Argentina.

Como describimos al inicio de este capítulo, en los domingos de Karambenor se evoca Senegal y en especial Casamance en la comida, los cantos, las charlas. Además se revive la tradición del "Tour": una especie de cadena en la que cada integrante aporta cierta cantidad de dinero y el total del mismo se lo lleva por turnos las integrantes de la red. "Si sabemos que alguna necesita con urgencia, se cede el turno. Generalmente es dinero que se invierte en mercancía cuando alguna va a una feria o tiene previsto un viaje", dijo Awá. A su vez, las mujeres ahorran una cierta cantidad de dinero cada encuentro, el cual se destina a un fondo de emergencia que debe estar disponible ante alguna eventualidad que pueda tener cualquiera de las mujeres del grupo.

En este sentido, las mujeres aseguraron que lo primero es ayudarse para mejorar la vida de ellas en Buenos Aires, pero que la idea está enfocada a desplegar esfuerzos para la región de Casamance y precisamente para finales del 2014 se desarrolló la primera cena de Karambenor con la que empezó a crearse un fondo para ayudar a las mujeres y niños del sur de Senegal: "Si ayudas a una mujer, ayudas a una sociedad, porque si la mujer tiene algo de dinero o tiene como colaborar, lo primero que hace es invertirlo en su familia", argumentó Awá.

Durante la primera cena de Karambenor y a través de un grupo de facebook en el cual difunden sus actividades, las mujeres han empezado a promover la cultura africana a través de bailes y música y han expresado su interés en mover esfuerzos para ayudar a su región:

"Como todo migrante no olvidamos de dónde venimos. Dejamos atrás nuestras familias por un sueño y tenemos la esperanza de que desde donde estemos, podamos ayudar a resolver los problemas económicos que dejamos. Por eso creemos que hay que hacer algo por África", fueron las palabras que dieron apertura a la primera cena de Karambenor.

Esta circulación de prácticas de transnacionalidad, en las que confluye la comida, el baile, la música, la identidad, la solidaridad... forma un campo social transnacional en la que las integrantes de la red Casamance se mueven entre formas de ser y pertenecer, como indicó Levitt y Glick-Schiller (2004).

Es así como las formas de ser están relacionadas con prácticas como la elaboración de comida, los bailes, el ritual de la toma de atayeh y las formas de pertenecer están relacionadas con una identidad que tejen estas prácticas y que demuestran "un contacto consciente": ser parte de Karambenor para mejorar lo que dejamos allá, para mejorar la situación de los que quedaron en origen, pero no solo familia, sino la propia sociedad, a través de una práctica transnacional.

11.3.1 El ritual de las trenzas

Simbólicamente, las mujeres mantienen su vínculo con Senegal vivo en cada peinado o pañuelo que usan para cubrir su cabello. Awá prefiere los pañuelos, mientras que Isa las trenzas ajustadas y ceñidas a la redondez de su cabeza. Joubi, por su parte, le gusta lucir un cabello largo y acostumbra a ponerse extensiones.

"Peinarnos de esa manera nos hace sentir senegalesas, aunque estemos lejos", confiesan las mujeres migrantes de la red Casamance, quienes procuran siempre mantener ese rasgo de identidad a diario. Incluso cuando puede, Awá manda traer pelo artificial de Senegal con el que logra que sus 'hermanas' luzcan largos cabellos trenzados.

Sin embargo, más allá de ser una práctica cotidiana de identidad alrededor del peinado se genera todo un ritual que les permite a las mujeres de Casamance encontrarse y compartir. Si alguna de ellas quiere peinarse con pequeñas trenzas, le pide a alguna de sus hermanas y la práctica puede tomar entre tres y cuatro horas. Momento en el cual ellas aprovechan para conversar y recordar.

Como indica Moctezuma (2008), las comunidades filiales transnacionales son "puntos de encuentro y de socialización, porque en estas se reproduce la vida de las comunidades" y de hecho, estas mujeres se toman el tiempo para peinarse entre sí. Detener sus actividades diarias, para buscar ese espacio para compartir.

Un espacio de compartimiento que las conecta con sus tradiciones, con el ritmo de vida que se lleva en Senegal. Un ritmo de mayor quietud que les permite salirse del frenesí diario de vender en la calle o en locales. "Si uno tiene trabajo en dependencia con salario asegurado, podés descansar, pero si sos independiente, hay muchos gastos y debes buscar la manera de ganar más", cuenta una de las migrantes de la red de Casamance.

Además para algunas, el tejido de trenzas también se ha convertido en una forma de generar ingreso y es así como a este espacio de compartir también se han sumado africanas de otros países, argentinas, dominicanas, haitianas y colombianas que son peinadas por las senegalesas y con quienes establecen amistad o se intercambian diálogos sobre la cultura y las costumbres, formando parte del circuito migrante transnacional.

Adicional a los peinados, las túnicas o vestidos también las conecta simbólicamente con Senegal y cada vez que realizan algún encuentro las mujeres las usan, sin embargo para el uso diario cambian su vestimenta por ropa común. "Lo hacemos porque traemos una túnica no más que guardamos con cariño, pero en Senegal resulta ropa de uso diario", contó Joubi.

Las túnicas son de llamativos colores y con figuras y paisajes que evocan la vida que dejaron atrás. Una de estas, por ejemplo, lleva estampado un grupo de mujeres que carga sobre su cabeza una vasija, en el fondo se visualiza una casa tradicional y el emblemático árbol Bao Bab, símbolo de Senegal.

En cada una de estas imágenes las mujeres se sienten representadas, sienten el mundo del cual hacen parte y con el que se identifican a kilómetros de distancia. En uno de los encuentros, Awá organizaba un grupo de túnicas que trajo para vender y dijo: "Mirá así vivimos nosotros. Es una vida completamente diferente".

Durante ese mismo encuentro Awá explicó que en esas túnicas hay algo del alma de África y explicó de inmediato las figuras que evocaban esa tierra: Los cauris, la concha de un molusco que es una especie de talismán, las casas de bambú, las palmeras y la vida cotidiana, como una escena en la que se cocinaba al aire libre.

> "Esta es la kora, que antecedió a la guitarra o más bien en la que se basaron para hacer la guitarra. Lo mismo ocurrió con el xilófono, que es un instrumento basado en el balafón que salió de África", comentó Awá, señalando una de las túnicas.

Los mismos símbolos también se ven en algunos de los accesorios que usan las mujeres, por ejemplo, el caurí que lo usa como dije Joubi en su cuello, a manera de protección.

La migración senegalesa en Buenos Aires en el siglo XXI • 147

Foto 9. Bubú, traje tradicional para los hombres de Senegal. En su mayoría, llevan impresos imágenes de la vida en África

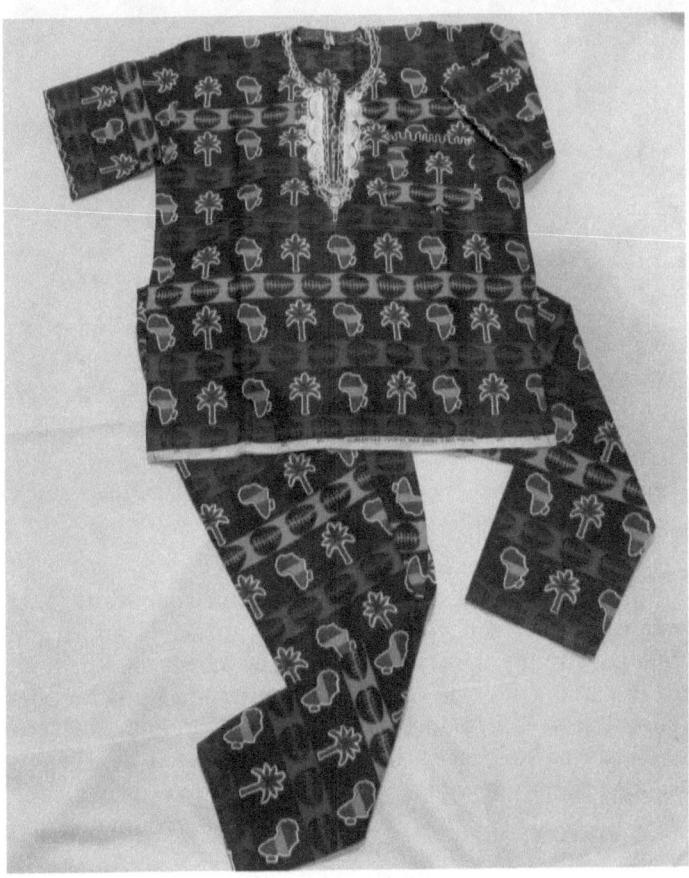

Foto: Lina Sánchez.

Foto 10. Túnicas tradicionales que usan las mujeres en Senegal

Foto: Lina Sánchez.

El local de Awá tiene algunos bubús (ropa tradicional para el hombre senegalés) y algunas túnicas de mujer que trajo para vender la última vez que fue a Senegal. Ella misma le llamó a su local Aline Sitoe, en honor a una heroína senegalesa de Casamance que admira.

Estar en su local es como irse por un rato a Senegal. Se escucha radio y se ve televisión del origen. Awá sueña con tener un local con solo productos de África, como una forma de resaltar lo propio y porque no de acercar ese origen pero que rememora a diario.

11.4 Afrodiáspora: la Diáspora de Casamance

Bajo esta idea de la pertenencia a los campos sociales transnacionales, en la red Casamance podemos enumerar otra experiencia en la que se puede ver claramente el contacto consciente a un grupo específico, en este caso por parte de Rob, pionero de la red.

Todos los domingos en la mañana, desde principios del 2015, Rob pasa unas horas escuchando y participando de un programa radial a través de la radio online Tendouck.net, que emite el programa la Afrodiáspora.

La Afrodiáspora es un programa de la diáspora Casamance, mediante el cual un grupo de migrantes senegaleses en distintas partes del mundo, con un origen común en Casamance, discuten sobre la realidad social y política de su región y sobres sus situaciones como migrantes en otros países.

> "Uno sale y se da cuenta que hace falta un montón de cosas en Casamance y que se puede mejorar ¿Cómo es eso que en Casamance hay un solo médico para toda una región de millones de personas? No hay especialistas, no hay infraestructura. Nosotros los que estamos afuera y tenemos las experiencias de otros países estamos creando esfuerzos para mejorar", explicó Rob.

La diáspora y su programa de radio la creó un migrante senegalés de Barcelona. De este grupo también hay miembros de países como Estados Unidos y Francia. De Argentina, Rob es el representante oficial, lo que implica que debe estar pendiente todos los domingos del programa, aportar ideas y hacer intervenciones para ser escuchado por los demás.

La diáspora debate cada semana un tema diferente, entre los cuales está como prioridad la paz en la región. "Estamos evaluando tema por tema para recogerlos en un solo documento con diversas propuestas y enviarlas al gobierno, a los políticos de la región. Queremos comprometerlos y que ellos sientan que cuentan con nosotros. Como migrantes salimos por estas mismas razones, pero ahora tenemos herramientas para cambiarlas", explicó Rob.

De hecho, la diáspora con el compromiso de sus miembros espera poder hacer el primer encuentro físico en diciembre de 2015 en la propia Casamance. Según Rob se reunirá para evaluar la situación de primera mano, entregar el documento en el que vienen trabajando y acercarse a las autoridades para que los reconozcan como grupo. Rob espera poder estar ahí.

De esta manera, la red Casamance hace parte de un campo social transnancional que se relaciona con otras redes migrantes en distintos países con un mismo fin dirigido a la mejora del origen.

> "Los migrantes transnacionales llegan a su nuevo país de residencia con determinadas costumbres y nociones construidas en su país de origen. Pertenecen a ciertas poblaciones más o menos politizadas y sostienen filiaciones específicas de clase. Luego se involucran en actividades complejas a través de las fronteras nacionales que crean, dan forma y transforman potencialmente sus identidades" (Glick Schiller, Basch, Blanc-Szanton, 2005)

Foto 11. Pantallazo de la publicación del grupo de Facebook Karambenor Argentina"

Fecha de captura: 25/04/2015.

De la cita anterior podríamos deducir, que en este caso la pertenencia étnica juega un papel importante. En la historia senegalesa se ha reconocido los aires independentistas de Casamance y esto sumado a la cualidad diola de diferenciarse de los wolof, la otra etnia mayoritaria; ha llevado a la red de Casamance a unir esfuerzos especialmente por su región y los suyos.

Hay una filiación específica de etnia y de pertenencia a un territorio con las cuales se cuenta desde el origen y que se trasladan al destino. Se transforman y se usan para cambiar ese origen. Una filiación y una conciencia que se comparte con otros a través de las fronteras.

Lo que le preocupa a los miembros de la red de Casamance sobre su región o sobre su realidad y que surge en los encuentros de Karambenor o cada noche cuando se reúnen en familia a conversar, son los temas que luego Rob pone en discusión en el programa de la Afrodiáspora.

En el caso de la diáspora, las acciones que empiecen a emprenderse podrían tener consecuencias macrosociales y modificar la suerte y cultura de las ciudades o países, como indicó (Portes y Landolt, 2004):

> "Las diásporas creadas por una multitud de decisiones independientes de hombres y mujeres que buscan mejorar sus oportunidades de vida individuales, con el tiempo se transforman en una "exportación" clave de las naciones emisoras y en uno de los principales medios para mantener su integración en la economía mundial" (Guarnizo, 2003, Roberts et. al 1999, Goldring 1992; Citado en Portes y Landolt, 2004).

Dentro de Argentina, el trabajo de Rob también se ha visto dentro de la Asociación de Residentes Senegaleses en Argentina (ARSA). Una organización de la cual se reconoce como fundador al ser uno de los primeros migrantes senegaleses en haber llegado a la Argentina.

De su trabajo en ARSA podemos destacar su labor como parte de los organización en los encuentros religiosos o visitas de los jeques musulmanes y su trabajo como puente para lograr una hermandad entre ARSA y Karambenor, como una forma de destacar el trabajo diola entre los migrantes senegaleses en el destino.

11.5 Los regalos, los mensajes y los 'whatsapp'

Hay un incienso que "huele a Senegal", aseguró Awá. Un incienso que siempre le mandan sus hermanos, a través de alguno de los miembros de la red, cuando alguno viaja a Senegal. Ese es el regalo infaltable para la mujer pionera de la red Casamance. "Cuando llegué a Buenos Aires me impactaron muchos los olores. Por eso cada vez que huelo ese incienso me traslado a Senegal", agregó.

Junto al incienso, también se envía hojitas de atayeh (té senegalés) y hasta semillas de bizap (una verdura típica de Casamance que le da sabor a los platos de esta región y que fue sembrada en el patio de la casa para tener su propios bizap). Los regalos son enviados por los hermanos de Awá como una forma de acercarla a Senegal.

Por su parte, Awá ha aprovechado los viajes de algunos para enviar carteras, dijes, cadenas y zapatillas para los más chicos. Cuando empieza la jornada escolar también les envía cuadernos y lápices.

Awá es la mayor de sus hermanos y a pesar de la distancia ella todavía es consultada por ellos a través de facebook o whatsapp. "Hablo a diario, me consultan todo, cualquier decisión que tomen", explicó. De hecho son su compañía durante la jornada laboral en el local en Microcentro donde pasa gran parte del día.

Su mayor contacto lo tiene con la hermana más pequeña, con quien ha asumido un rol de mamá a distancia. Con sus otros hermanos, Awá habla con frecuencia y está al tanto por ejemplo de su hermano en Francia que viene preparando su retorno a Senegal y para eso puso su propia granja.

Como aseguramos en el capítulo anterior, Awá mantiene un contacto también a través del envío de remesas, que gira en forma de ayuda ocasional o como un regalo cada vez que alguna hermana cumple años o por si alguna está pasando una necesidad. El envío de remesas no es mensual como pasa en otras redes, sino una muestra de cariño y es visto como una forma de mantener contacto, de decirle a los que están en origen que no se les olvida.

Dentro de la red Casamance, otras integrantes como Joubi e Isa envían remesas como un apoyo económico para la familia que dejaron en origen. Las remesas reafirman su rol como proveedoras frente a su madre que está en Senegal y que cuida de la hija que Isa le dejó a cargo. El envío de remesas en este caso es mensual.

El skype, whatsapp o viber, le permite a Isa ver crecer a su hija y mantener el contacto con ella. A través de estos programas, Isa envía no solo mensajes escritos, sino de voz, hace videoconferencias e intercambia fotos con su mamá para hacérselas llegar a su hija Faku.

La red Casamance mantiene vivo el vínculo con el origen a través de las llamadas, los mensajes, las remesas, una circulación de información y objetos que simbólicamente les permiten estar presentes con los que están en Senegal. Es una manera mantener los lazos, de continuar el proyecto migratorio en destino sin perder esas fuertes conexiones de las cuales está compuesta su identidad.

12. Las prácticas transnacionales de la red de Mekhe

12.1. Los hombres en la cocina

Como en la red de Casamance, la comida en la red de Mekhe es parte del ritual en las noches. Se asigna por turnos quién cocina y se come en un sentido familiar como se hace en Senegal. Donde viven mujeres senegalesas ellas asumen los roles propios de la cocina y suelen preparar siempre la cena, mientras que en la red de Mekhe casos como el de Nibu, Kime y Fallou son ellos quienes asumen estas responsabilidades.

En este circuito migrante transnacional, los varones se pasan unos a otros los secretos de la cocina senegalesa. "Llegamos sin saber nada. Sin saber hacer un arroz, pero quien te recibe, te enseña y aprendes a cocinar como lo hace tu mamá", comentó Fallou. De esta manera, los migrantes que reciben a los nuevos, no solo transmiten conocimientos sobre la venta de mercancías, sino que incluso inculcan tradiciones culinarias, que socialmente son asumidas por las mujeres, pero ante la ausencia de las mismas, ellos las adquieren como parte de su nuevo proceso migratorio.

El aprendizaje sobre la cocina es entendido por los mismos como clave también del proyecto migratorio de esta red parental. Saber cocinar puede, en principio, desafiar los estereotipos al ser una tarea que asumen las mujeres, pero luego es entendido como un "sacrificio" que permitirá adquirir el prestigio social de poder mantenerse en origen, enviar dinero de ayuda y además a largo plazo poder "ir por placer y volver por negocios".

Sin embargo, la comida permite generar identidad entre la misma red. Nibu lo ve como una forma de no sentirse "extraño": "Es difícil estar lejos. Uno se siente extraño en otro país porque no está tu mamá ni tu papá", expresó y por eso en sus comentarios es frecuente que nombre a la comida y que describa esos ingredientes que le faltan para que su thieb yap sea 100 por ciento senegalés. La comida los reconecta con el origen.

Para Kime, Nibu y Fallou es vital comer todas las noches platos de Senegal. "Tenemos que alimentarnos bien siempre, porque tenemos jornadas muy largas de trabajo. Un buen plato de arroz con pollo, carne o pescado te da lo necesario para seguir", comentó Fallou. Y es que precisamente para la mayoría de miembros de esta red, la cena es la comida más importante del día y el único momento que tienen para cocinar. "Hay que alimentarse bien. Aquí se come buena carne, pero no comen arroz que es vital para mantenerse fuerte y con mucha energía", puntualizó Nibu.

Al igual que en la red de Casamance, el que cocina levanta su mercancía más temprano y va a comprar los ingredientes. Se cocina en grandes cantidades y se sirve sobre una enorme bandeja en la que comen todos. Si se olvida algo durante la preparación, se tiene a mano el celular para comunicarse con familiares en Senegal que pueden dar algunos consejos. Se come con la mano y quien cocina asume el rol de repartir la proteína que está en mitad del plato para los demás comensales.

En el otro subgrupo de la red, en donde está el pionero de la misma, la cocina es asumida por las mujeres: la hermana de Massa (el pionero) y por su sobrina Dieck, con quien convive. Es así como Massa delega esta función y puede dedicar más tiempo a seguir agrandando su negocio, seguir viajando para conseguir más contactos y así abrir más locales. Ellas, por su parte, siguen recibiendo su apoyo en el tema de las mercancías y de la vivienda. Los roles tradicionales traspasan fronteras y siguen siendo asumidos a pesar de la distancia.

Esta existencia transnacional a través de la comida, también está marcada por una filiación étnica. En este caso los miembros de la red Mekhe, en su mayoría Wolof, suelen cocinar platos como thieb yape (arroz con carne) y thieb ginar (arroz con pollo), propios de esta etnia y no tanto thieb diem (arroz con pescado), que es más de los diola o de los habitantes del sur de Senegal.

12.2. La venta callejera y la circulación

El proyecto migratorio de la red de Mekhe enfocado a ser de "aquí y de allá", como el pionero; se pone en lógica no solo desde el viaje, sino desde el primer momento en que se llega al país de destino, a través de la inserción económica y laboral de sus miembros. De esta manera, el trabajo se convierte en una práctica transnacional que asumieron antes familiares en otros países y que incentiva el pionero, incluso desde antes del viaje a destino.

Podemos citar de manera puntual el caso de Nibu quien fue motivado por su hermano Ndathie, en Francia, quien trabajó también en la venta callejera al principio y por su cuñado Massa, quien también se gana la vida en Argentina a través del mismo trabajo y quien tiene en su natal Mekhe un gran prestigio social.

Nibu llega a incorporarse en la venta callejera nutrido del conocimiento de su cuñado, su hermano y del mismo campo social que conforman sus otros paisanos en el destino. En este circuito migratorio transnacional se transmiten conocimientos claves para incrementar los ingresos y para enviar dinero de ayuda para la familia.

Es de esta misma circulación que Massa ha logrado crecer. Sus viajes frecuentes y su mercancía desplegada en distintos espacios le permiten incrementar su negocio. Sin embargo, para eso ha sido indispensable la llegada de otros migrantes a quienes les brinda soporte al llegar, pero a su vez le ayudan a distribuir su mercancía. Los contrata como empleados y acuerda con ellos la parte que les corresponde por la venta.

> "Uno se mueve entre lugares, lo importante es poder vender. La vida te va dejando acá porque acá uno vende. Si mañana resulto en Senegal y puedo seguir trabajando lo haré. Aquí lo importante es laburar", explicó Massa, pionero de la red Mekhe.

De esta habilidad también se impregnan los otros miembros de la red como Fallou y Nibu, quienes esperan poder abrir sus propios locales y recrean a menor escala esta práctica de la circulación. Nibu, entre semana, no desaprovecha estar en uno de los mejores puntos del sector comercial de Once, en Capital Federal y los fines de semana se dirige a ferias de otros barrios en la misma ciudad, como Puerto Madero, como una forma de no dejar de trabajar y de tener ganancia de esos dos días en que en Once no hay actividad comercial.

Fallou, por su parte, tiene por costumbre asistir a las ferias itinerantes del interior del país para incrementar las ventas: "Voy a todas las ferias que hay en Argentina. Conozco Salta, Entre Ríos, Córdoba, muchos, muchos lugares.

Tengo amigos peruanos que están pendientes de avisarme y siempre me dicen ¿Cuándo venís? Y ahí seguro siempre estoy", contó.

La circulación no solo abarca una multiplicidad de lugares de venta, sino una habilidad para escoger los sitios de mayor afluencia de público y a su vez de variación de mercancías. En este sentido, el capital social del pionero les permite a los miembros de la red contar con una variedad de productos que no tienen otros puntos de venta callejera.

Como dijimos anteriormente, aunque los miembros de la red de Mekhe trabajan sobre la misma vereda, ellos han desplegado una estrategia de venta que les permite contar con una diversidad de productos y no hacerse competencia entre ellos mismos. Es válido aclarar que son los puestos del pionero, atendidos por otros miembros de la red, los que cuentan con mayor diversidad. Los miembros con lazos parentales o lazos de confianza más estrechos, van a tener la ayuda directa del pionero y con esto mejor mercancía para ofrecer. Luego, los miembros con aires de emancipación "se lanzan al agua" sin saber lo que va a ocurrir, compran sus propias mercancías y se rebuscan diferentes productos para innovar.

La venta callejera y la circulación son vías por las que optan los miembros de la red Mekhe para incrementar sus ganancias y de esta manera poder lograr de los objetivos de sus proyectos migratorios: incrementar el envío de dinero para los familiares y ahorrar para poder tener un negocio propio en destino y de esta manera visitar anualmente Senegal: "ir y venir" y así prolongar su existencia y un prestigio social transnacional, más allá de las fronteras.

En palabras de Chevalier-Beaumel y Morales (2012) los migrantes de estas redes también territorializan los espacios a partir de su circulación y como agregó Carnet (2011, citado en Morales, 2014) esa movilidad posibilita un conjunto de relaciones que giran alrededor de un principio organizador y en este caso, esta investigación demostró que ese principio organizador es la consecución de ese proyecto migratorio.

12.3. El envío de remesas

Al entender el envío de remesas de la red de Mekhe como una práctica que hace parte de un circuito migrante transnacional, podemos entender la circulación de dinero más allá de las fronteras y con esta una suma de relaciones interpersonales, de las cuales también hace parte el intercambio de información y de símbolos entre origen, destino y entre diferentes puntos geográficos.

En esta red parental, el apoyo financiero se envía en especial a la figura materna y en tres casos puntuales a los hijos que están en destino. Al mismo tiempo, se refuerza simbólicamente el papel del hombre como proveedor de la familia, asumiendo el rol que heredó de su padre. En el caso de Dieck, la mujer asume ese rol tradicionalmente atribuido al varón.

"Le envío dinero a mi mamá todos los meses. Desde el primer mes que llegué acá. Le doy la plata y ella es quien decide en qué la invierte", explicó Nibu. De esta manera, más allá de las fronteras, los miembros de la familia siguen asumiendo sus roles: el hombre envía el dinero y dentro del hogar es la mujer quien decide cómo se invierte.

Lo cierto, es que el envío de remesas puede resultar vital para algunas familias que cuentan con ese apoyo económico para sostener la casa y los hijos. Este es el caso de Kime quien tiene a su cargo a su mamá, su hermana y su esposa. En otros casos de la red (Nibu, Fallou y Jane), algunos miembros son los hijos menores de la familia y han sido los últimos en emigrar. Es decir que la familia recibe remesas de los otros hijos varones que salieron primero y con esta ayuda es que el hijo menor ha podido emigrar. De esta manera, la ayuda de los menores es más simbólica, pero no tan necesaria como en el caso anterior. Es una muestra de agradecimiento de la que generalmente confiesa Nibu su mamá la usa para darse un "gusto".

En los casos de Massa, Bal y Dieck se envía dinero para sostener a sus propios hijos en origen como una forma de suplir su ausencia en origen. Es así como todos los miembros de la red de Mekhe envían dinero como una forma de mantener su presencia en Senegal, como parte de su proyecto migratorio. El envío de remesas no es solo una ayuda material, sino que permite establecer un prestigio social con la propia familia y la comunidad en origen.

Los miembros al enviar dinero van formando su imagen tanto en origen como en destino como personas "exitosas" que tienen sus negocios fuera de Senegal y así pueden sostener a su familia y de paso su existencia a través de las fronteras. Ninguno de los miembros no descarta regresarse del todo y como aseguró Massa, él irá "a donde lo lleven los negocios"; por eso no irse del todo de sus orígenes es una vía para mantener esa existencia transnacional. En la mente de los miembros de esta red se piensa en el retorno a largo plazo, por eso mantener su rol en Senegal es clave y el envío de dinero es uno de esos componentes para estar presente, mientras se está a kilómetros de distancia.

12.4 Los martes tidjane y las celebraciones religiosas

Aunque la pertenencia a la cofradía tidjane no es el eje principal de la red de Mekhe, si podemos destacar su importancia en el desarrollo de prácticas transnacionales. Es así como los miembros trasladan costumbres relacionadas con la filiación religiosa a su día a día en destino.

Los miembros de la red de Mekhe no dejan un solo día sin orar cinco veces como lo exige El Corán y aseguran que es una característica típica Tidjane: "Los mouride, la otra cofradía son menos estrictos con el tema. Nosotros lo hacemos porque es nuestra manera de estar bien con Dios y con nosotros mismos. De agradecerle y limpiarnos", contó Fallou, quien todas las noches, luego de la cena y de darse un baño realiza las cinco oraciones.

Su cercanía en el trabajo les permite a los integrantes de la red Mekhe hablar sobre Cheik Ahmedi Tidjani, el fundador de los tidjane. Estas conversaciones que suelen interrumpirse por la dinámica de la venta en la calle, se retoman todos los martes en la noche, día en que todos los tidjane de Capital Federal se reúnen a hablar sobre las enseñanzas de su maestro, en el hotel Bauen, en Corrientes y Callao, a través de lo que ellos denominan una 'Dahira'.

Como ocurre en Senegal, las diferentes cofradías buscan sus espacios para compartir sus cantos o lecturas propias y en este caso el pionero de la red es uno de los líderes de este grupo. El prestigio de Massa no es solo económico por ser un empresario que va y viene, sino que además es uno de los más antiguos y se ha responsabilizado de agrupar a todos los tidjane de la ciudad.

Durante la reunión no solo se habla de religión, sino que se entremezclan con temas de la vida diaria. "Nos gusta saber cómo están los chicos acá. Si necesitan algo. Nosotros estamos pendientes de ayudar a quien lo requiera", explicó Bal, quien aseguró que las redes de solidaridad trascienden la reunión de los martes y que se extiende a lo largo de la avenida Corrientes, incluso en otras provincias.

Bal y Massa son reconocidos no solo por ser unos de los migrantes más antiguos, sino por brindar la ayuda inicial para muchos de los migrantes que llegan. De esta manera, es a partir de ellos que muchas veces se inician las redes de solidaridad cuando alguno de los migrantes requiera una ayuda en el sector de Once. "Un día necesitábamos plata para llevar el cuerpo de uno de los nuestros que había fallecido acá. Pasé por la calle diciendo que necesitaba el dinero, unos 200 pesos por persona y los chicos lo daban sin preguntar más. Incluso nos llegó plata de otras provincias", agregó Bal.

Estos lazos de solidaridad que hacen parte de un campo social transnacional en el cual circulan ayudas materiales y simbólicas lo conforman no solo miembros de la red de Mekhe, sino otros migrantes que comparten con ellos un origen y un día a día en el que tienen que enfrentar necesidades similares. De hecho, Massa y Bal procuran acudir a una reunión semanal que hacen todos los migrantes senegaleses sin importar su filiación étnica o religiosa.

> "No tenemos consulado acá, así que nosotros nos juntamos para escucharnos y debatirnos acerca de nuestra situación de venta en la calle. Sabemos que no vamos a poder quedarnos vendiendo todo el tiempo y necesitamos mejorar nuestra situación", comentó Bal.

Massa y Bal son los representantes tidjane dentro del grupo de migrantes senegaleses y aunque las ayudas que surgen en esta red pueden hacer parte de un circuito migrante transancional más grande, las ayudas se despliegan más entre quienes pertenecen a las mismas cofradías, la misma etnia, con quienes se comparte lazos de parentalidad o un contacto diario en el que el migrante que recibió ayuda, devuelve con trabajo la ayuda que recibió.

Los tidjane, así como las otras cofradías, se encargan de organizar al menos una celebración propia del islamismo senegalés y se responsabilizan desde hace varios años de realizar el Magal del nacimiento del profeta Mohamed los primeros días del mes de enero. Massa reserva el hotel Bauen, hace remeras con los nombres de su grupo y las reparte entre los suyos como una forma de marcar identidad y organiza todo lo relacionado con la comida. Para el 2014, Massa escribió sobre una remera verde "Dahira Moustahibina Filahi, Gamou 2014" y aún le gusta lucirla mientras trabaja.

Quienes más ayudan en estas celebraciones que los tidjane organizan para los demás migrantes, son los miembros de la red más allegados a Massa: Bouba y Jane, por ejemplo, quienes aún no han logrado independizarse económicamente y aún tienen como responsabilidad atender los puestos de venta del pionero.

En este campo social transnacional los miembros de la red de Mekhe, como señalamos en el primer capítulo, demuestran formas de ser y pertenecer a los mismos. Formas de ser relacionadas con esas prácticas que son del origen, pero que se recrean en destino: las oraciones a Dios, las celebraciones religiosas y los encuentros por cofradías; y formas de pertenecer que en este caso las asumen más el pionero y los migrantes más antiguos que asumen su papel como los de más experiencia y "demuestran un contacto consciente a un grupo en específico": se proponen mejorar la vida de los que están allá y de sus pares en destino, a través del despliegue de distintas solidaridades.

12.5. El matrimonio transnacional

Solo podemos enumerar un matrimonio transnacional en la red de Mekhe. Se trata del que conforman Massa y Binta, que se mantiene desde hace más de 14 años a través de las fronteras, cuando él decidió emigrar para la Argentina. Massa se hace presente a través del envío de remesas y de las visitas cada año, especialmente para ver a sus dos hijos, y aseguró que la distancia no es un problema para su relación: "Muchas mujeres de Senegal tienen su esposo a la distancia y ellas no le ven inconveniente. Los matrimonios se acostumbran a esto", explicó Massa, quien como señalamos no piensa en la reagrupación familiar.

Otra de las prácticas transnacionales relacionadas con los matrimonios ocurrió con Bouba quien lleva cerca de dos años de haber emigrado. Llegó soltero y a mediados del 2015 se casó con Alima, la mujer que le recomendó su mamá. Alima y Bouba se casaron a la distancia: mientras él estaba en Buenos Aires y ella en Senegal.

Tras la aprobación de la mamá de Bouba, los familiares adelantaron los preparativos: la celebración en la mezquita, en Dakar y luego una celebración en casa con los demás familiares. A la ceremonia asistieron los padres de ambos y no la novia, que por tradición no puede acudir a la mezquita. En la segunda parte ella sí estuvo presente y lució una túnica de color fuerte y accesorios dorados.

Mientras todo esto ocurría Bouba recibía fotografías de su casamiento a través de su celular. "Estoy feliz, ahora ella se fue a vivir con mi mamá y vamos a ver si la traigo o finalmente me regreso a Senegal. Lo estamos pensando. Por ahora enviaré algo más de dinero para ella", contó Bouba.

Para poder casarse, los senegaleses musulmanes deben hacerlo con mujeres que también tengan su misma filiación religiosa y contar con la aprobación de ambas familias. Antes de conocer a Alima, Bouba salía con una mujer que su mamá no aceptaba y le sugirió salir con quien es ahora su esposa y con quien existen lazos de parentalidad. Las fronteras no fueron un impedimento y el casamiento se realizó como tradicionalmente ocurre en origen. De hecho, empezaron a hablarse y a conocerse a través de las redes sociales, chats y llamadas de 'skype' y 'whatsapp'.

Alima es consciente de que su esposo no puede regresar de inmediato y que desde allá el envío de dinero es vital para vivir en Senegal, así que vive su matrimonio a través de la distancia y suplanta su ausencia con llamadas periódicas y contacto continuo en el chat del celular. En origen, Alima vive su nuevo vínculo conviviendo en la casa de suegra y su nueva familia.

Un caso similar vive Kime, quien está de novio con una prima que también le recomendó su familia y que está en Senegal. Aún no hablan de casarse, pero ella cuenta con todos los requisitos: es musulmana, senegalesa, comparten lazos de parentalidad y tiene la aprobación de su mamá.

Nibu no sale con ninguna mujer, pero sabe que quiere casarse algún día y hacerlo con una senegalesa. "Uno busca a alguien que se parezca a uno, que comparta tradiciones y que tenga la aceptación de mi mamá", explicó y por eso espera en uno de sus regresos al origen poder conocer a una mujer con esos requisitos y desde ya sabe que será un matrimonio a distancia, mientras logra avanzar en su proyecto migratorio.

Esta práctica hace parte de un campo social transnacional en el que se recrean tradiciones propias del origen, en este caso el matrimonio a través de las fronteras. Se viven uniones a distancia, se continúa con los pactos entre familias, se sigue validando el visto bueno de las madres, se casan en la mezquita aún sin presencia de los novios y la mujer sigue yéndose a vivir a la casa de su suegra. Con la distancia lo único que cambia es que el hombre está en el extranjero y su presencia se marca con el rol que juega como proveedor. Estar afuera significa sinónimo de éxito y genera un prestigio social en destino, pero aún más en origen.

De hecho una de las razones que más unen a Kime, Nibu y Fallou es el vínculo con sus madres en origen. Los tres hablan con ellas de manera constante y les piden consejo a diario sobre lo que les ocurre. De esta manera estos tres miembros de la red tienen claro que están en edad de casarse, de acuerdo a las creencias de su sociedad, y por esta razón tienen como eje central a su madre y como dijimos con anterioridad su voz resulta vital para la elección de sus futuras esposas. "Cada vez que hablo con ella, me dice que debo concentrarme en trabajar y agradecerle a Dios", contó Nibu. Kime explicó que Fallou y Nibu se parecen a él, no solo por la cultura o por ser del mismo país, sino que tienen esos mismos valores que a él le inculcaron desde pequeño: "Ellos como yo tienen como centro trabajar, enviar dinero y cuidar de los nuestros a la distancia. Son buenas personas. Con respecto a nuestras mamás sabemos que debemos darles todo lo que podamos y escucharlas", puntualizó.

12.6. Las llamadas, los 'whatsapp' y 'Viber'

En la celebración del Gran Magal Touba, en diciembre de 2014, Fallou tomaba fotos a los preparativos que se adelantaban en el hotel Bauen. En simultánea uno de sus amigos en Córdoba le enviaba las fotos de la misma celebración en esta ciudad argentina en la que también se concentra migración senegalesa. Aunque estaban a kilómetros de distancia, los dos vivían la celebración en ambos lugares. Las fotos y los videos también llegaron a familiares en Senegal, incluso para los que si habían podido ir hasta la ciudad de Touba donde se realiza la celebración original.

Nibu, por su parte, comparte fotos del día a día del sector de Once. Se toma fotografías y luego las comparte con su prima en Senegal. Conversan a diario y se cuentan sobre lo que hace cada uno en el día. Ella hace exactamente lo mismo y de esta manera, se mantiene el contacto y una relación sin que la distancia la afecte. Aunque físicamente esté en destino, Nibu al final está aquí y allá.

También a través del 'whatsapp' del celular, Kime ha podido coleccionar una foto diaria de su prima con la que está saliendo. Tiene fotos de ella con diferentes peinados y vestidos. Él también hace algo similar y, de esta manera, trabajan juntos para que la relación avance.

Estos son algunos ejemplos de cómo los miembros de la red de Mekhe sostienen su existencia en origen, sin necesidad de irse del destino. El intercambio de fotografías, los chats y las llamadas, a través de "viber" con sus parejas, familias y especialmente sus madres, son instancias que les permiten mantener la lógica familiar, tomar decisiones y afirmar su presencia aunque estén a kilómetros de distancia.

En algunos casos es una forma de seguir siendo parte de su cultura, tradición o filiación religiosa. De ahí que para muchos en la red resulte importante tomarse una foto en medio del Gran Magal Touba y enviarla a través de sus celulares a sus familiares en Senegal.

De este circuito migrante transnacional en el que se intercambia la información del día a día para mantener vivo el lazo que los une con el origen, también hacen parte otros migrantes que están en otros países con los que también se comparten vínculos parentales o de amistad o senegaleses en otras regiones del país que están circulando por las distintas ciudades de Argentina. La distancia no debilita los lazos, sino que en estos casos los fortalece.

En este campo social transnacional en el que las redes sociales, 'whatsapp' y 'viber' sirven como vías para mantener el contacto; Bouba usa las mismas como una práctica que apunta a una identidad y demuestra un contacto consciente a un grupo específico, es decir expresa formas de pertenecer más que de ser.

Bouba creó el grupo en Facebook "Les senegalais de Argentina", que cuenta con más de 700 seguidores y a través del cual él mantiene informada a la comunidad senegalesa de Argentina sobre lo que ocurre en destino. Además promueve la cultura de su país e intenta generar debate sobre los temas que le interesan a los migrantes. "Es un grupo en el que escribo en wolof o francés, que son nuestras principales lenguas. La idea es no olvidar quiénes somos ni de dónde venimos", dijo Bouba.

Foto 12. Pantallazo del grupo de Facebook de Bouba

Fecha de captura: 04/11/2015.

Como administrador de la página, Bouba acude a las reuniones semanales en el Hotel Bauen para mantener al día el grupo de Facebook y además busca promover la hermandad entre Senegal y Argentina, de ahí que la fotografía de portada del grupo sean las banderas de ambos países. Esta actividad la adelanta Bouba mientras vende sus propios perfumes y las carteras de Massa.

Es indiscutible que son los más jóvenes y con menos años de haber emigrado, dentro de la red de Mekhe, los que mantienen con más fuerza los vínculos con el origen. Kime, Nibu y Fallou quieren estar "aquí y allá" dentro de su proyecto migratorio, pero comparten un sentimiento de formar un futuro con el allá así sea a la distancia y saben que emigrar genera un prestigio que aumenta sus posibilidades de encontrar una "buena mujer y una buena familia". Este aspecto estrecha aún más los lazos entre ellos sin importar que no compartan un vínculo parental. Compartir un proyecto migratorio resulta más que suficiente.

13. Las prácticas transnacionales de la red Baye Fall

13.1. El intercambio de regalos y las remesas

A Pablo, Azul y Bob los acompaña el espíritu de su mamá a través de un anillo de metal al que llaman 'Djaro'. El 'Djaro', como lo enunciamos anteriormente, es un regalo que los tres recibieron antes de partir de Senegal, como una señal de buen viaje y buenos deseos por parte de su progenitora.

El 'Djaro' tiene una cabeza ancha y dentro de este se guarda un pergamino en árabe con un proverbio musulmán. Solo ellos pueden verlo y solo ellos pueden saber qué dice su anillo. La frase es además una guía sobre cómo asumir la vida.

Este regalo que lo otorga generalmente la madre al hijo que sale de viaje por primera vez es un símbolo de la transición hacia la madurez y el inicio de una vida lejos del origen.

Un regalo que hace parte de una práctica transnacional no solo porque se otorgue por el inicio de un viaje, sino que es un aliciente para el migrante cuando está en el destino.

En respuesta, los migrantes de la red Baye Fall mantienen un intercambio constante de regalos con sus familias, pero especialmente con sus madres. Una práctica transnacional porque a partir de esta, los migrantes de la red se mantienen presentes "aquí y allá".

Pablo, por ejemplo, le envía carteras, cadenas o relojes a su mamá como muestra de cariño. Lo hace cada vez que alguno de sus paisanos o familiares viaja a Senegal. A cambio, ella le envía un bubú (vestido tradicional para los hombres en Senegal).

Madu y Max también han enviado algunas carteras y detalles para todos en la casa. Su familia, a cambio le envió un par de zapatos de la tienda que administran en Dakar. "Mirá aquí no conseguís zapatos iguales, por eso lo único que pedí que me enviaran era un par de estos", dijo mientras señalaba unos zapatos celestes en gamuza.

Para Bob y Azul el intercambio de regalos es más complejo pues carecen de contactos que estén viajando con frecuencia. Sin embargo, las remesas se convierten en la forma de enviar "cariños" a los más cercanos y de mantenerse presentes como hijos varones que aportan a la casa.

Para los miembros de esta red, el envío de remesas es mensual y se toma como una responsabilidad, lo que hace que envíen sin falta el giro cada 30 días. De hecho, las remesas se asumen como una de las prioridades y objetivos del viaje. "Mi familia juntó plata para enviarme acá. Ahora no solo tengo que regresar lo que juntaron, sino ayudar en las necesidades que puedan tener", dijo Bob.

En definitiva, el envío de remesas y de regalos estrecha los lazos aunque no exista cercanía física. Es también un aspecto primordial para esta red teniendo en cuenta que el proyecto migratorio indica al retorno como una prioridad, como una constante. De esta manera, es también una forma de mantener una posición y prestigio social en el destino para cuando ese retorno se haga efectivo.

13.2 Las llamadas, las cartas y las redes sociales

Con el objetivo de mantener un "estatus" a distancia, los miembros de esta red no solo envían remesas, sino que mantienen un contacto constante con los suyos en origen a través de las llamadas y las redes sociales.

La mayoría de integrantes de los Baye Fall son hombres y son los primeros migrantes de su familia. De acuerdo a las tradiciones, con este viaje ellos están poniendo a prueba su "hombría" y su capacidad de convertirse en los jefes de esa familia, en reemplazo de un padre que empieza a envejecer y que empieza a ceder ese puesto.

En respuesta a esto, los jóvenes asumen su liderazgo de una manera transnacional y es ahí cuando las remesas empiezan a ser vitales y aún más las llamadas constantes que permiten estar enterados sobre lo que ocurre en origen: se toman decisiones y hasta se emiten opiniones sobre situaciones familiares.

Uno de estos casos ocurrió con Bob, quien tuvo que enterarse de la muerte de su padre estando él en destino. Desde el origen, Bob no solo consoló a su madre, sino que envió dinero para los gastos que implicaba su entierro y asumió el rol como líder en su familia.

Tras una llamada de su madre, Bob escribió una carta a un banco en Senegal en el que autorizaba a su mamá a sacar el dinero de las cuentas de su padre. Fatu, su mamá, por su condición de mujer no estaba autorizada para manejar el dinero de su esposo. Es así como el poder se transfirió al hijo mayor de ambos y por esta razón Bob envió vía correo electrónico un poder a su mamá para administrar las cuentas.

Foto 13. Facsímil de la carta enviada por Bob a un banco en Senegal, en su rol como líder familiar

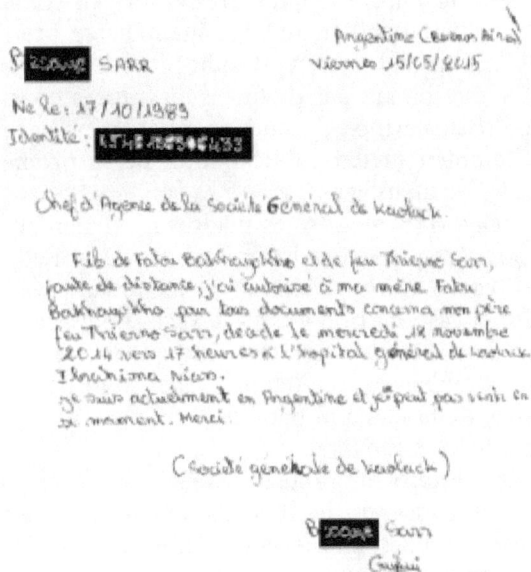

Fuente: captura de la carta original.

De esta manera, Bob asumió en su totalidad el rol como jefe de familia. Un rol que está asumiendo a través de una vía transnacional. La distancia no es un obstáculo y por el contrario las llamadas y los 'whatsapp' permiten mantenerse presente a kilómetros de distancia.

Al tiempo Bob atiende su realidad en destino, a través de la cual logra hacer dinero, ganar prestigio por estar afuera y enviar dinero. Una existencia transnacional que le permite mantenerse presente en ambos lugares, pero especialmente en origen. Su vida en destino la vive con sus ojos en un origen. Siguiendo, de esta manera, el proyecto migratorio de la red.

Redes sociales como Facebook les permiten a Bob, Azul y a los hermanos Madu y Max publicar fotos de su vida en destino. De inmediato, sus familiares en origen comentan y de esta manera también pueden mantenerse presentes "aquí y allá". Es usual también difundir fotos de sus madres, hermanas y escribir un par de líneas en francés o español demostrando su cariño. Quienes mantienen noviazgos a distancia, también suelen publicar fotos de su prometida, acompañadas de mensajes.

En la mayoría de casos, las madres no tienen cuentas en redes sociales y por eso los miembros de la Red Baye Fall tienen como hábito llamarlas al menos una vez a la semana. En el caso de Bob y Azul, a veces no es necesario que ambos llamen a sus familiares, sino que incluso uno de ellos llama a ambas casas. Algunas veces, Bob llama a su mamá y luego ella llama al papá de Azul para comentarle que ambos chicos están bien.

En este circuito migrante transnacional en el que se intercambia información, las llamadas telefónicas, los mensajes a través de redes sociales y celulares se convierten en una herramienta fundamental para mantener viva la circulación y para mantener la simultaneidad de estar en origen y destino al mismo tiempo.

La migración senegalesa en Buenos Aires en el siglo XXI • 173

13.3 Las celebraciones religiosas

Fotos 14 y 15. El 15/03/2015, Buenos Aires recibió la visita del líder mouride Serigne Mame Mor Mbacke. En esta celebración, los Baye Fall rindieron homenaje a través de su trabajo

Fotos: Lina Sánchez.

El 9 de julio de 2015, mientras Argentina conmemoraba otro año de su independencia, los Baye Fall madrugaban para ayudar en la organización del Magal de Mame Cheikh Ibrahima Fall, el padre de los Baye Fall. Una celebración que además se daba en el marco del Ramadán, el mes de ayuno anual de los musulmanes.

Bob y Azul se levantaron muy temprano y en el Hotel Bauen ayudaban a mover grandes recipientes, a limpiar la comida y a partir todas las frutas que iban a ser parte de la cena de ese día.

> "Hoy celebramos el encuentro entre Serigne Touba e Ibrahima Fall. Además celebramos la noche Laylatoul-khadri, en la que se abren las puertas del paraíso. Es una noche de bendición", contó Bob, mientras limpiaba el enorme salón donde horas después todos los senegaleses mouride y tidjane, se reunirían a orar.

Ese día los Baye Fall no dejaron de trabajar, luego de terminar las labores de la cocina, pasaron al salón a cantar y bailar. Ese día la celebración era Baye Fall y los asistentes pudieron percibirlo porque los cantos son más alegres, más festivos, los acompañan tambores y hasta ellos mismos forman ruedas alrededor mientras cantan.

Fotos 16 y 17. Los Baye Fall cantan en la cocina, durante los preparativos del Magal Serigne Fallou, el 17 de mayo del 2015. Hotel Bauen, Buenos Aires (Argentina). Como en todas las celebraciones religiosas son los Baye Fall quienes se encargan de la cocina

Fotos: Lina Sánchez.

Los Baye Fall son servidores y como lo hemos señalado anteriormente usan el trabajo como una forma de acercarse a Dios y de rendirle homenaje. Por eso, durante cualquier celebración religiosa musulmán senegalesa son siempre los Baye Fall los encargados de la organización y la cocina, junto a las mujeres.

> "Aquí uno da y Dios lo multiplica por 100. Aquí todos pueden comer y eso me da tranquilidad. Me aleja de las preocupaciones", explicó Azul, durante los preparativos de una de las fiestas más grandes para los senegaleses musulmanes, el Magal Touba.

En origen, los Baye Fall asumen roles similares durante las celebraciones. Y en este caso los Baye Fall de la red descrita representan sus papeles en destino, como si nunca se hubieran marchado del origen.

Ellos comparten fotos, videos y frases a través de redes sociales cuando las celebraciones están en curso. De inmediato, sus amigos y familiares hacen lo mismo con las ceremonias que se desarrollan en el origen. Es así como en este campo social transnacional circulan imágenes, información, recuerdos y especialmente se expresan formas de pertenecer como lo señaló Glick-Schiller (2003; Citado en Levitt, Glick-Schiller, 2004).

Estas formas de pertenecer están relacionadas a prácticas que le apuntan a una identidad, es decir un contacto consciente a un grupo. Sin duda, el rol que desarrollan los Baye Fall de esta red demuestra una consciencia hacia la pertenencia a este grupo religioso. De hecho, es usual verlos con camisetas alusivas a su comunidad, usar los colores de la bandera senegalesa y "servir a Dios a través del trabajo como todos los Baye Fall del mundo lo hacen ahora en la ciudad sagrada de Touba", explicaron los integrantes de la red, durante el Magal Touba.

Las celebraciones del destino son tan similares a las del origen, que Bob cuenta con gracia que una de sus primas le preguntó por "whatsapp" si había regresado a Senegal, luego de ver la foto del Magal Touba que él había publicado en Facebook. "Esto se parece mucho a lo que hacemos en nuestra tierra, pero allá es más grande. Hay mucha más comida… es un gran banquete", contó Bob.

Esta práctica es la que más caracteriza como migrantes transnacionales a los integrantes de la red Baye Fall. La conciencia de pertenencia a un grupo también se expresa en su asistencia semanal a los encuentros mouride de los miércoles y los domingos Baye Fall. En ambos lugares hay lugar para hablar sobre religión, sobre costumbres y sobre la vida que se lleva en el destino.

Los miércoles mouride se desarrollan en el hotel Bauen, en el sector de Once. En este espacio se discute más sobre la situación actual de los migrantes en Buenos Aires; mientras que en los domingos Baye Fall, la reunión es netamente religiosa: se canta, se lee al profeta y se ora.

La religión es sin duda para esta red, el puente mediante el cual ellos se mantienen conectados al origen. Desde el destino despliegan sus costumbres y las reproducen. En su mente, para muchos en la red, ir a trabajar a la ciudad sagrada de Touba sigue siendo un anhelo. El retorno, su proyecto migratorio a largo plazo, es una constante.

13.4 La circulación y la comida

Morales (2014) explicó que la trayectoria de los migrantes no es lineal y que se observan "zonas de tránsito, estancias más o menos prolongadas, retornos con relaciones relativamente densas y estables en cada lugar. Esos diferentes espacios y desplazamientos conforman un campo de circulación extenso".

En palabras de Chevalier-Beaumel y Morales (2012) los migrantes de estas redes también territorializan los espacios a partir de su circulación y como agregó Carnet (2011, Citado en Morales, 2014) esa movilidad posibilita un conjunto de relaciones que giran alrededor de un principio organizador.

Ese principio organizador se relaciona con la emancipación propia y con la ayuda a la familia en origen. Y es a partir de ese principio organizador que la red Baye Fall acoge a la circulación como un principio dentro de su vida en destino e incluso desde la partida del origen.

Como describimos en el capítulo anterior la mayoría de los integrantes de la red hicieron un trayecto migratorio con varias escalas, ante la inexistencia de lazos fuertes con el destino. Ya en destino, la circulación continuó siendo una constante, especialmente en la forma de trabajar como ocurre con la red de Mekhe.

La red Baye Fall se sumó a la venta de bijouterie en la calle y a la circulación y esta es para los integrantes de la red, donde radica el éxito de vender más. De hecho, los Baye Fall trabajan en parejas y esto les permite que mientras uno está sobre la vereda vendiendo, el otro pueda traer nueva mercancía o tomar tiempos de descanso o de comida, lo que hace que el puesto sobre la vereda esté constantemente abierto. Se despliegan los lazos de solidaridad y se estrechan los vínculos entre los más cercanos.

Los Baye Fall también trabajan sobre la avenida Corrientes y es a partir de esa movilidad que se genera en la venta callejera, que se tejen distintas relaciones, especialmente entre los senegaleses con similar filiación religiosa y étnica. Los lazos se estrechan cuando el contacto es diario y el intercambio de conocimientos Baye Fall se da entre ellos. En otros casos, los lazos resultan tan estrechos, que quienes viajan a Senegal, resultan llevando regalos de sus compañeros a los familiares en origen.

Los Baye Fall no solo trabajan sobre la vereda del sector de Once, sino que dos noches a la semana se dirigen al sector de 'La Salada', una feria de comerciantes en el Gran Buenos Aires. A este lugar también van juntos y cuidan la mercancía entre las mismas parejas. En el verano, uno se queda en Capital Federal vendiendo, mientras que otro viaja alrededor de las ciudades costeras de Argentina para hacer lo mismo.

La circulación les permite incrementar las ganancias y garantizar la plata del mantenimiento mensual y del envío de remesas. El trabajo en este caso también es visto como un homenaje a Dios, al profeta y a sus madres. "Mi mamá me dice que tenga cuidado, que hable con Dios y que piense mucho en mi familia. Trabaja, no dejes nunca de trabajar, me dice ella a diario", contó Pablo, integrante de la red Baye Fall.

Otra práctica transnacional que comparten los Baye Fall con Casamance y Mekhe está relacionada con la comida. Los Baye Fall tampoco sabían cocinar, pero ante la falta de mujeres en destino aprendieron a hacerlo ellos mismos. Algunos habían practicado antes durante las preparaciones para el gran Magal Touba en Senegal. Otros lo aprendieron por los primeros migrantes que llegaron.

La comida los conecta con sus orígenes y por eso, aunque no niegan disfrutar de un buen asado argentino, a diario se alimenta con thieb yape, thieb diem o diversos platos que le compran a la única mujer de la red (Yede). Mientras que en las noches como en Mekhe, los Baye Fall se turnan para cocinar.

14. Las tres redes comparativamente

Sin duda las prácticas transnacionales son las que mantienen vivos los circuitos migrantes transnacionales, son las que brindan los elementos que conforman el campo social transnacional y a su vez son las prácticas que resultan afianzando los lazos o vínculos dentro de las tres redes trabajadas.

Moctezuma aseguraba que "el migrante no migra y transplanta su cultura, lo que hace es reproducirla, la reestructura y con ella la reformula" (Sollors, W.; 1989; Citado en Moctezuma, 2008). En este caso, modifica sus prácticas sociales a través de las fronteras de acuerdo a su filiación religiosa, étnica y a su proyecto migratorio.

Es así como las tres redes trabajadas comparten diversas prácticas transnacionales, pero las mismas varían de acuerdo a los miembros que la conforman y al objetivo final por el que se migró al destino.

Un ejemplo de la anterior afirmación tiene que ver con el intercambio de regalos que se da en las tres redes. En Casamance, el intercambio se da por una consciencia de pertenencia a un grupo. Es una forma de mejorar la vida de los que están allá. En Mekhe, los regalos se envían para mantenerse presente en un origen, ante un proyecto migratorio que plantea una existencia transnacional y, finalmente, la Baye Fall genera el intercambio de regalos preparando el "terreno" ante un eventual retorno.

En cuanto a las prácticas transnacionales de asociatividad es evidente como en las tres redes se despliegan lazos horizontales de solidaridad con el fin de cumplir el proyecto migratorio. En su origen, las formas de asociatividad varían de acuerdo a su etnia y filiación religiosa, pero sus lazos aunque no son siempre parentales, terminan siendo tan estrechos ante la dinámica de las mismas. La fuerza de estos lazos depende de ese intercambio recíproco de favores y de qué tanto comparten costumbres y creencias que provienen del origen.

En la red de Casamance, las prácticas de asociatividad se dan a través de la reproducción de la familia transnacional y sin duda la filiación étnica (diola) marca la pauta dentro de la práctica. En la red de Mekhe, el proyecto migratorio de "estar aquí y allá" y la filiación religiosa (tidjania) son claves ante la práctica transnacional. Mientras que en su lugar los Baye Fall, se asocian y despliegan sus solidaridades por su filiación religiosa y también por compartir un mismo objetivo migratorio.

Pero ¿qué hace que estas prácticas de asociatividad se consideren transancionales? Porque precisamente las razones por las que tienen origen son características que los conectan con ese lugar de partida, con Senegal. En este caso reestructura en destino sus prácticas y reformula lo que aprendió en origen.

En ninguna de las tres redes podemos hablar de un proceso de asimilación, de hecho los integrantes de las mismas desarrollan prácticas que resisten al mismo y que de inmediato afianzan sus lazos con el origen. En las tres redes, los miembros se conectan a través de la comida, la familia africana se reformula para desplegar los lazos de solidaridad e incluso los pactos de matrimonio se mantienen y se reproducen a través de la vía transnacional.

La religión y sus prácticas son sin duda para las tres redes formas de pertenecer en estos campos sociales transnacionales. A través de las celebraciones, de las reuniones semanales, los integrantes demuestran una pertenencia consciente a un grupo específico y mantiene esa tradición como si nunca se hubieran marchado del origen.

La circulación como práctica transnacional de trabajo la comparten más las redes de Mekhe y Baye Fall, ante la creencia de que a través de esta estrategia se llegará más rápido al cumplimiento del proyecto migratorio. Así lo han hecho otros migrantes conocidos y familiares y ellos continúan el ejemplo ante los modelos que tienen frente a ellos mismos.

El trabajo los consagra a Dios en el caso Baye Fall y para las dos redes nombradas les da una posición social que les permite liderar su familia y apuntarle a buscar una buena esposa para continuar sus vidas. Así que sus prácticas de trabajo, dependen en gran medida de esa sociedad de origen en la que el envío de dinero y vivir en el extranjero es considerado de alto valor.

Las llamadas, los 'whatsapp' y las publicaciones en redes sociales, son para Casamance, Baye Fall y Mekhe formas de mantenerse presente en el origen, sin dejar el destino. Son vías para afianzar los lazos con los que se quedaron en Senegal y son recursos para mantener vivo su papel e imagen en la sociedad en la que ya no están presentes físicamente.

Las prácticas sociales, religiosas, de asociatividad y de trabajo convierten lugares geográficos en lugares simbólicos de encuentro e intercambio para los migrantes senegaleses de esas tres redes (Rivera, 2012). Lugares simbólicos de los que hacen parte migrantes y no migrantes en origen y destino y a partir de los cuales se dibuja la figura del circuito en el que tienen lugar los regalos, la información, las creencias y los propios lazos de solidaridad.

El destino es apenas un escenario en el que tiene lugar la reformulación de estas prácticas. En estas tres redes, el destino es visto como una herramienta para la consecución de un mejor nivel de vida. Sin embargo, los miembros de las tres redes mantienen viva su cultura y sus tradiciones y por eso las redes privilegian los miembros con los que comparten no solo una nacionalidad, sino filiaciones étnicas y religiosas. Con la sociedad de destino, el distanciamiento es notable. De ahí que algunos medios llamen al sector de Once, la pequeña Dakar y en algunos puntos de este sector se hable más wolof y diola que castellano.

4

El capital social

15. El Capital social

"Si quieres ir rápido ve solo, si quieres llegar lejos, ve acompañado", Proverbio africano (Película The good lie)

15.1 La red de Casamance

Partiendo de la definición de capital social dada en el primer capítulo y que entiende el mismo como "la habilidad para adquirir recursos gracias a la pertenencia a redes o a grandes estructuras sociales" (Portes y Landolt, 2004), podemos evidenciar la existencia del mismo en las etapas migratorias de la red de Casamance.

Los miembros de la red y en especial los pioneros crean estrategias para mejorar el viaje y la llegada de quienes arribaron después. Recordemos que los varones pioneros prepararon la llegada a destino de sus esposas. Consiguieron trabajo y regularizaron su situación migratoria para así poder recibirlas.

En este caso los pioneros desarrollaron habilidades para que sus esposas pudieran llegar a destino y con esto avanzar en la consecución de su proyecto migratorio que en el caso de Casamance está relacionado con la reagrupación familiar.

¿Pero todos los miembros de la red se vieron beneficiados de este capital social? Pertenecer a la red de Casamance para algunos integrantes, quienes hacían parte incluso de la cadena migratoria en origen, les permitió acceder a información y a recursos. Sin duda los mejores recursos e información la obtenían quienes hacían parte del proyecto migratorio del pionero. Sin embargo, como explicamos en el primer capítulo no podemos dar por sentado que pertenecer a una red garantizaba el acceso a los recursos.

En este último caso, por ejemplo, Isa y Joubi, miembros de la red Casamance, no contaron con la misma información que el resto de la red para organizar su viaje y su llegada. Luego en su etapa de adaptación, ellas han podido acceder a algunos recursos gracias a que comparten con Casamance el sentido de pertenencia a un territorio y una filiación religiosa, pero no hacen parte del proyecto migratorio del pionero.

En la crianza transnacional descrita en el capítulo III, las mujeres acuden al capital social de la red para poder empezar a trabajar. Como indicamos cuentan con la habilidad para asignarse el cuidado del hogar y de los hijos, para que las otras puedan empezar a trabajar. Y como indicamos este intercambio recíproco se da entre quienes comparten una misma vivienda y con quienes el compartir diario estrecha los vínculos. No se da solo necesariamente entre quienes comparten lazos parentales o filiaciones étnicas o religiosas.

La fuente de este capital social, de acuerdo a la definición y clasificación de Portes y Landolt (2004) y descrito en el primer capítulo, está relacionada con fuentes instrumentales. Más específicamente con la reciprocidad simple: "Transacciones recíprocas cara a cara que traen consigo la expectativa de un reembolso equivalente por parte del beneficiado" (Portes y Landolt, 2004).

En este caso las mujeres se apoyan mutuamente para seguir cumpliendo con su rol de mujeres dentro de la familia. Le confían a otras la crianza de sus hijos, mientras ellas salen a trabajar; en cambio, las otras esperan también su colaboración en el hogar y con los hijos, para que ellas también puedan salir a trabajar.

En el capital social relacionado con el viaje y la llegada (trayecto migratorio), detectamos como fuentes la altruista y específicamente la introspección de valores. En esta, se otorgan recursos a otros sin obligación moral. Por eso, afirmamos que la fuente de ese capital está relacionada con los vínculos estrechos que se generan cuando los miembros hacen parte de ese proyecto migratorio.

Quienes no hacen parte de ese proyecto migratorio directo del pionero, acceden a otro tipo de capital social. Retomando el ejemplo dado al principio, Joubi e Isa, gracias a la red, hacen parte del grupo de mujeres de Karambenor y la fuente de ese capital social es instrumental y específicamente confianza exigible: "Transacciones de recursos arraigadas en estructuras sociales que actúan como garantes de un reembolso pleno a los donantes por parte del beneficiado o de la comunidad", (Portes y Landolt, 2004).

Al hacer parte de Karambenor, las mujeres se ayudan mutuamente prestándose dinero para la compra de mercancía o cuando alguna debe hacer algún viaje urgente. El reembolso es que todas dan el dinero o los recursos, sabiendo que en algún momento ellas podrán verse beneficiadas de la misma manera. Como indicó Portes, el control comunitario garantizará estas ayudas de doble vía. En este mismo contexto, podríamos enmarcar la práctica del 'tour' descrita en el capítulo III.

Otras fuentes de capital social detectadas en esta red tienen que ver con la solidaridad vinculada, que se encuentra dentro de las fuentes altruistas. Esta se define como el "otorgamiento de recursos a otros sin que exista solidaridad entre miembros de la misma comunidad territorial, étnica o religiosa… Esta fuente no se basa en valores generales, sino en las lealtades particulares hacia el interior del grupo" (Portes y Landolt, 2004).

Esta fuente es notable cuando los integrantes de la red se unen a través de diversas organizaciones para ayudar a su región de Casamance. En este caso, las mujeres de Karambenor adelantan cenas para ayudar a las mujeres y niños del sur de Senegal y en la Afrodiáspora (la diáspora de Casamance) se discuten preocupaciones sobre la región y se toman decisiones sobre las acciones que se pueden adelantar para mejorar la vida en origen. Gracias a la pertenencia a estas redes, los miembros de la red Casamance adquieren la habilidad para obtener recursos, en este caso en pro de la mejora de su región.

Es importante resaltar como lo hemos mencionado que la pertenencia a una red no garantiza la consecución de recursos y que el capital social puede traer consecuencias negativas. Siguiendo a Portes y Landolt (2004) entre las consecuencias podemos nombrar: la exclusión de extraños, el exceso de exigencias a los miembros del grupo, las restricciones a la libertad individual y las normas de nivelación por lo bajo.

En el caso de Casamance, las consecuencias negativas del capital social se expresan en la asociación de mujeres de Karambenor, quienes se reunieron por su pertenencia a una misma región (Casamance), filiación religiosa (tidjania) y etnia (diola). Sin embargo, en un intento por integrar a las demás mujeres migrantes en Buenos Aires, se realizaron algunos encuentros con mujeres wolof y mouride.

Awá explicó que los intentos resultaron fallidos ante las diferencias étnicas y porque "la senegalesa de Dakar es diferente a la de Casamance", explicó. Por esta razón, las mujeres mouride no siguieron haciendo parte de estas reuniones y las juntadas quedaron solo para quienes hacían parte de la red y con quienes, aunque en algunos casos no se comparta la misma pertenencia territorial, el vínculo se nutre con el intercambio recíproco. En palabras de Portes y Landolt (2004) la consecuencia negativa se denomina la "exclusión de extraños".

Otra de las consecuencias negativas tiene que ver con las restricciones a la libertad individual. La pertenencia a esta red y el intercambio constante con el origen, implica para el migrante conservar las costumbres de su natal Senegal. En este caso quienes migran solteros saben que deben conseguir un(a) esposo(a) con tradiciones similares a las suyas, ojalá de su misma tierra y como un requisito que pertenezca a la religión musulmana, en su versión senegalesa.

De hecho, como lo hemos mencionado anteriormente es la madre quien aconseja al hijo sobre quién debe ser su futura esposa y generalmente la candidata suele ser alguna prima lejana. No importa si el hombre está en el extranjero, las mamás mantienen el contacto y continúan de manera transnacional su labor en la búsqueda de una pareja para sus hijos.

En el caso de Isa y Joubi, quienes son dos mujeres de la red que viajaron solas, ellas sienten la presión continua de su madre sobre su futuro. "Hemos conocido buenas personas en Argentina de diversos lugares, pero sabemos que mi mamá nunca los aceptaría. Ni siquiera son musulmanes", dijo Joubi. A lo que responde su hermana Isa: "Ella a veces nos dice que no importa si no es diola, porque sabe lo mal que me fue con mi ex esposo que pertenecía a nuestra misma etnia, pero está claro que es mejor si es senegalés y musulmán".

15.2. La red de Mekhe

El capital social de la red de Mekhe se despliega también durante la partida y la llegada del trayecto migratorio. Como indicamos en el segundo capítulo, esta red parte de una cadena migratoria que mantiene vínculos estrechos entre origen y destino. De esta manera, el capital social de la red implica la habilidad para obtener información sobre cómo viajar y después como establecerse en el destino.

El migrante que viaja aprovecha el capital social de la cadena migratoria y luego su despliegue como red. Él cuenta con la información y los recursos y de esta manera prepara su trayecto migratorio. Cuenta con la experiencia de otros migrantes y con detalles sobre dónde obtener la visa, qué trayecto realizar y tiene la tranquilidad de tener a dónde llegar. De hecho, todos los migrantes que están conectados a la cadena, contaban con la seguridad de tener un trabajo al llegar al destino.

Sin embargo, no todos acceden a los recursos de esta red. A estos recursos accede quien forma parte del proyecto migratorio del pionero o quien ayuda a mantenerlo. En su caso Nibu y Dieck, por ejemplo, pudieron contar con la información del viaje, con la ayuda de su familiar e incluso empezaron a trabajar gracias a él. Sin embargo, sabían que parte del trato era que iban a trabajar con mercancía que él les otorgaba y que parte de sus ganancias le correspondían a él.

De acuerdo a Portes y Landolt (2004), la fuente de este capital social sería instrumental y específicamente de reciprocidad simple. El pionero otorga un beneficio, pero tiene la expectativa de un reembolso equivalente por parte del beneficiado. En este caso el migrante, con el que comparte vínculos parentales, recibe la información para viajar, casa y trabajo; y a cambio él espera poder expandir su negocio y venta de mercancía.

Bouba con quien el pionero no comparte lazos parentales, pero sí vínculos cercanos ante el intercambio de favores mutuos, pudo obtener los recursos de la red gracias a su lealtad con el pionero. En este caso la fuente de ese capital social es la confianza exigible (instrumental). Bouba recibió la ayuda del pionero y la estructura social a la que ambos pertenecían (la sociedad de migrantes senegaleses en Buenos Aires) actuó como garante de un reembolso pleno al donante. Es así como el pionero gana estatus y aprobación dentro de esta estructura social.

Como consecuencias negativas del capital social, podemos enumerar la exclusión de los extraños: el pionero otorga ayudas generalmente a quienes tienen similar filiación religiosa, la tidjania y con quienes comparte vínculos parentales o territoriales, pues le permite tener certeza que se sumarán en la continuación de su proyecto migratorio. Quien no se sume para aportar al proyecto migratorio del pionero, queda excluido.

La forma en que el pionero ayuda a sus otros paisanos, con los que no comparte vínculos tan estrechos, es a través de la recolección de dinero cuando alguno lo necesita con urgencia o a través de la organización de eventos religiosos tidjane. La fuente de ese capital social es la solidaridad vinculada (altruista).

La segunda consecuencia negativa del capital social en la red de Mekhe está relacionada con el exceso de exigencias a los miembros del grupo en la dinámica laboral. Quien llega al destino gracias a la ayuda del pionero, sabe que debe trabajar no solo para sobrevivir, sino que además debe garantizar su parte a Massa (el pionero) y además enviar la ayuda mensual al origen. Por eso, la mayoría suele trabajar de domingo a domingo.

También como ellos mismos lo reconocieron, con el tiempo, buscan independizarse lo que socialmente les cuesta mucho. "Uno siente lealtad por quien te ayudó", dijo Bouba. Sin embargo, es importante resaltar que el proyecto migratorio de esta red es "estar aquí y allá" y para eso la independencia resulta clave para incrementar las ganancias.

Por otro lado, la circulación como práctica transnacional nombrada en el capítulo III, transmite consigo una habilidad para en este caso incrementar las ganancias y con esto llevar a la consecución del proyecto migratorio. Quienes acceden a este capital social son los miembros de la red que llegaron al destino gracias a la ayuda del pionero.

Los integrantes de la red de Mekhe pretenden imitar el comportamiento del pionero: circulando y buscando lugares diversos para vender su mercancía. Reproducen a pequeña escala lo mismo que hace el pionero y adquieren además habilidad para saber dónde comprar la mercancía y cómo y dónde venderla.

Sin embargo, muchos de ellos continúan trabajando directamente gracias al pionero y por eso la circulación resulta más restringida. Otros como Fallou, quien logró independizarse circula de manera más libre por las diversas ferias de las provincias argentinas, lo que incrementa su posibilidad de alcanzar el proyecto migratorio y con esto ganar prestigio en origen y destino.

La fuente de este capital social también está relacionada con fuentes instrumentales y en específico de reciprocidad simple. Los integrantes de la red acceden a esta información, sobre qué vender, lo que les da una ventaja frente a los demás migrantes que venden en la calle. A cambio el pionero espera con el nuevo integrante expandir sus puestos de trabajo e implementar nueva mercancía.

En esta práctica la consecuencia negativa también está relacionada con el exceso de exigencias a los miembros del grupo. La red se extiende en origen, donde la familia pide el envío de la remesa y para los solteros resulta clave empezar a ocupar un buen lugar socialmente. En destino, debe garantizar su supervivencia, empezar a consolidar su negocio para implementar su estrategia de "estar aquí y allá" y responde por la parte que le corresponde al pionero; y para eso ellos mismos se exigen largas jornadas laborales e incluso fines de semana de trabajo. Los días de descanso prácticamente no existen.

Esta habilidad para adquirir los recursos gracias a la pertenencia a redes, es lo que Arab denomina como *savoir migrer*: "Entendemos por saber-migrar y saber-circular la capacidad de los migrantes de movilizar sus redes migratorias, sus conocimientos y el desarrollo de estrategias de contención para su desplazamiento, migración y circulación" (Arab, 2008; 21; En Chevalier-Beaumel y Morales, 2012).

Prácticas como el intercambio de regalos y el envío de remesas, por su parte, tienen como fuentes de capital social la altruista y específicamente la introspección de valores. En esta se otorgan recursos a otros sin obligación moral. Los regalos y las remesas significan tanto en destino, pero especialmente en origen un estatus y un prestigio social, pero además es también una forma de mantenerse presente en origen y de mantener el rol de proveedores.

15.3 La red Baye Fall

Sin duda el capital social de la red Baye Fall surgió en el destino, a la llegada de varios de sus migrantes que sin muchos vínculos estrechos, adquirieron habilidad para obtener recursos gracias a su pertenencia a la estructura social de la sociedad que conforman los migrantes africanos y senegaleses en Capital Federal.

Gracias a ese capital social varios de los miembros de la red lograron conseguir comida y casa temporal por los primeros días y algunos, incluso, recibieron un préstamo de un paisano que les permitió empezar a trabajar.

Al igual que en la red de Mekhe, la fuente de este capital social es la confianza exigible (instrumental) y como indicó Portes y Landolt (2004) en un ejemplo "se otorgan préstamos sin garantía a los miembros de una misma comunidad bajo la expectativa de que los controles comunitarios garanticen el pago y, adicionalmente, generen un estatus y aprobación para el donante".

En segundo lugar, la red Baye Fall cuenta con un capital social en su práctica transnacional de la circulación, descrita en el capítulo anterior. Una circulación que como en la red de Mekhe existe para incrementar la ganancia y con esto lograr la consecución del proyecto migratorio.

Como en la red de Mekhe esta habilidad para adquirir recursos tiene una fuente instrumental de reciprocidad simple: Se trata de un intercambio de transacciones recíprocas que traen consigo la expectativa de un reembolso. A diferencia de la red de Mekhe, aquí no es el pionero el que otorga los beneficios, sino que se trata de un intercambio mutuo en el que no existen subordinados.

Los integrantes de la red Baye Fall, como lo hemos explicado, actúan de a parejas y es de esta manera como se apoyan para poder incrementar el envío de remesas y el ahorro para en un futuro fundar un negocio en su natal Senegal. No obstante, nadie debe entregarle dinero a nadie a diario, sino que existe un fondo común que se divide en mitades. El intercambio de favores parece darse en condición de igualdad: Si uno trabajó toda la noche y la madrugada vendiendo la mercancía de ambos, el otro sabe que debe trabajar todo el día siguiente, mientras su compañero descansa.

Como indicamos en capítulos anteriores, a la llegada las relaciones de la red Baye Fall se articulan horizontalmente ante la hostilidad del viaje. Esta articulación horizontal es una manera de resistir a la articulación vertical y hostil del trayecto migratorio. Como explicó Portes el capital social "alberga la promesa de una alternativa de base frente a las políticas jerárquicas promovidas en el paso reciente por las instituciones financieras internacionales" (Portes y Landolt, 2004). Los individuos empiezan a recibir beneficios gracias a los lazos que consolidan con otros.

Las consecuencias negativas de este capital social están relacionadas con la exclusión de extraños. No todos pueden acceder a este intercambio recíproco de favores. A la red Baye Fall solo pertenecen quienes también son Baye Fall o aquellos quienes demuestren valores similares a ese grupo religioso de la cofradía mouride: entrega al trabajo, lealtad y como ellos aseguraron "ser buena persona".

Para evaluar si es una "buena persona", esta red suele hacer un cúmulo de preguntas en los primeros encuentros. Así ocurrió durante el trabajo de campo. Al principio, como investigadora fui mirada con desconfianza y tuve que responder diversas preguntas sobre lo que pensaba que era la familia, la madre, Dios y mi relación con los mismos. "A partir de esto, vos te das cuenta qué clase de persona tenemos al frente", explicó Bob.

Acceder a este capital social, no está relacionado solo con ser Baye Fall. De hecho, podemos denotar las razones por las que se estrecharon los vínculos entre los integrantes de esta red. Por ejemplo Madu y Max comparten un vínculo de parentalidad y además un proyecto migratorio común, mientras que Bob y Azul se conocieron por primera vez en el destino, pero sus padres los contactaron desde antes. Vivir una situación similar y tener un proyecto migratorio común, los unió. Por esta razón, no solo la pertenencia a la red lleva a la consecución de recursos, sino que depende también de otros factores que comparten los integrantes entre sí.

El exceso de exigencias a los miembros es también una de las consecuencias negativas de este capital social de la red Baye Fall. "Mi mamá me pregunta como estoy y me dice siempre: nunca, nunca dejes de trabajar. Eso es lo más importante", contó Pablo, quien como los demás integrantes de la red no tiene días de descanso y cuenta con la presión de enviar remesas, sobrevivir en destino y ahorrar para en un futuro crear su propio negocio en Senegal como lo hizo su primo Fallou al regresa de Europa. En medio de todas estas exigencias, Pablo también quiere casarse y sabe que al tener mayores ganancias, su prestigio en origen crece y con estos las posibilidades de conseguir pareja.

La red Baye Fall y su trabajo y entrega en la organización de las celebraciones religiosas también se convierten en un capital social para cada uno de los integrantes. Un capital social con una fuente altruista de solidaridad vinculada: se entregan recursos entre miembros de la misma comunidad.

Con este capital social, los Baye Fall suman a ese sentimiento de pertenencia con sus orígenes y a su vez les permite mantenerse presentes y ser reconocidos en la sociedad de destino y expandir sus vínculos. En origen, demostrar que conservan las tradiciones del lugar del que vienen y dentro del mouridismo mostrar que se continúa siendo un miembro activo y comprometido.

15.4 Las tres redes comparativamente

Para los miembros en los que las redes están conectadas a una cadena migratoria (Casamance y Mekhe), el capital social está presente desde el inicio del trayecto migratorio. De esta manera, los integrantes que además van a sumar al proyecto migratorio del pionero o del integrante que está en destino, podrán contar con mayores recursos que beneficiarán su viaje y la incorporación al nuevo lugar.

Con esta información y estos recursos, los nuevos migrantes tienen mayores facilidades para mejorar ese trayecto y para adaptarse al nuevo contexto. Esta situación la vivieron varios integrantes de la red de Casamance y de Mekhe.

No obstante, es importante aclarar que el acceso a este capital social también depende en las tres redes no solo de pertenecer a una misma etnia, a un mismo territorio o a tener la misma filiación religiosa, sino que hacer parte del proyecto migratorio de la persona que está en destino resulta clave, o en cambio hacer parte de un intercambio recíproco de favores que incremente la confianza y así estreche el vínculo, aunque no existan lazos parentales.

Al acceder a estos recursos, los migrantes hábilmente los organizan para no solo mejorar el trayecto migratorio, sino además lograr su propio proyecto migratorio. Este último es el caso de la práctica de la circulación que adelantan Mekhe y Baye Fall: en ambas redes se despliegan estrategias para incrementar las ganancias y de esta manera crear sus propios negocios, la primera en destino y la segunda en origen.

Como fuentes del capital social altruista y más específicamente por solidaridad vinculada las tres redes comparten experiencias en las que se evidencia el otorgamiento de recursos entre miembros de la misma comunidad territorial, en este caso relacionadas de manera muy fuerte con el origen:

En Casamance con las organizaciones de Karambenor y la Diáspora Africana, en la de Mekhe con las recolectas cuando alguno de los paisanos lo necesita y en la Baye Fall con las labores de cocina y organización durante los eventos religiosos. Orígenes de un capital social que está muy vinculado a una lealtad con la comunidad en origen y con sus valores. De este capital social, no solo se benefician los migrantes en destino, sino también quienes están en origen.

En las tres redes también coinciden las situaciones en que alguno de sus miembros recibió ayuda de algún paisano para conseguir dónde vivir, dinero para comer y empezar a trabajar, aunque no se compartieran lazos de parentalidad. En estos casos, las fuentes de ese capital social están arraigadas a la estructura social que forman los migrantes senegaleses en Capital Federal, que actúa como garante de un reembolso: una fuente de capital social instrumental y específicamente de confianza exigible.

Como consecuencias negativas del capital social, las tres redes comparten tres de estas: la exclusión de los extraños, cuando no solo coincide la pertenencia étnica, territorial o religiosa, sino cuando no hacen parte de esa reprocidad de favores que desarrolla lealtades y que es vital para la consecución de ese proyecto migratorio.

La segunda, el exceso de exigencias a los miembros del grupo que mantiene a los integrantes de las tres redes en una realidad transnacional en la que deben responder por su familia en origen y por esa nueva vida que están construyendo en destino. Lo que como describimos anteriormente los mantiene en extensas jornadas laborales.

Y la tercera se refiere a la restricción a la libertad individual y que está muy ligada a sus valores en origen: formar un hogar solo con personas de su misma filiación religiosa y ojalá misma filiación étnica. La decisión de la madre en cualquier caso resulta vital, lo que restringe cualquier posibilidad diferente que se presente en el destino.

El capital social como la habilidad para adquirir recursos se evidencia en las situaciones descritas anteriormente y que demuestran que acceder al mismo no lo garantiza solo la pertenencia a una red, sino que está marcado por diversos factores como las lealtades, los proyectos migratorios, las pertenencias religiosas, étnicas o territoriales, los favores recíprocos y la relación con el pionero, entre otros factores y que dependiendo de las fuentes del mismo, se acceden a diversos tipos de capital social.

Conclusiones

16.1 Las tres redes construidas

La construcción de tres redes migratorias para comprender una parte de ese universo que componen los migrantes senegaleses en Buenos Aires, fue un recurso teórico y metodológico que permitió describir esta migración: sus trayectos, proyectos migratorios y prácticas transnacionales. Dando cuenta, de esta manera, de la heterogeneidad de migrantes que hacen parte de esta ola migratoria.

Las tres redes fueron construidas a partir de variables como las pertenencias territoriales, étnicas, religiosas, la vinculación parental y al origen de los vínculos entre los integrantes. De este último hubo un ejercicio de incluir un "uso fuerte" del concepto de red:

> "Es interesante retomar los señalamientos de Ramella respecto a que son los vínculos personales fuertes los que transmiten la información a los potenciales migrantes; y la fuerza de las relaciones sociales está dada por el reconocimiento de relaciones recíprocas, no por el hecho de que los individuos estén físicamente próximos" (Ramella, 1995: 20; citado en Sánchez y Zubrzycki, 2015).

Es así como se construyeron las redes de Casamance, Mekhe y Baye Fall. Redes compuestas por un total de 62 personas, de las cuales 28 son migrantes que escogieron como destino Argentina. Redes además que se diferencian por sus aspectos característicos y especialmente por sus proyectos migratorios.

La primera, la red Casamance recibe su nombre por una región en el sur de Senegal. Es una red por pertenencia territorial que está conectada a una cadena migratoria y que en su mayoría sus integrantes son de la etnia diola y tidjane, por su pertenencia religiosa. Su proyecto migratorio es la reagrupación familiar en destino. Se anhela el retorno, pero el arraigo es una constante.

Los vínculos fuertes en esta red están marcados por quienes hacen parte del proyecto migratorio del pionero y por el intercambio recíproco de favores. La red de Casamance comparte un número importante de vínculos parentales que son fuertes porque hacen parte de esa reagrupación familiar en destino. Sin embargo, existen vínculos fuertes que no están relacionados con la parentalidad, sino con prácticas en las que las mujeres se apoyan en el cuidado de los hijos y del hogar para empezar a jugar un papel como proveedoras en sus casas.

Es una red en su mayoría compuesta por mujeres que desempeñan el rol tradicional migrante de las mujeres: viajar a destino, para conformar una familia, pero también surgen otras experiencias en el que estas mujeres empiezan a cambiar los roles. No viajan para reagruparse, sino en el mismo rol en el que viajan los varones: independizarse y enviar remesas al origen para sostener a su familia, sin necesidad de tener a un varón al lado.

Los vínculos, en definitiva, también los marca la pertenencia territorial a partir de la cual se derivan las diversas prácticas que unen a los integrantes de esta red y son la primera razón por la que se generan estas relaciones.

La segunda red, la red Mekhe, es una red parental también conectada a una cadena migratoria. La mayoría de sus miembros son de Mekhe, una ciudad cercana a Dakar, la capital de Senegal. Por su pertenencia étnica son wolof y por su pertenencia religiosa son tidjane.

Su proyecto migratorio plantea una existencia transnacional, es decir una vida entre el origen y el destino. No esperan insertarse completamente en destino ni tampoco se habla de un retorno definitivo. De hecho, se plantea imitar el mismo proyecto migratorio del pionero: Trabajar con negocios propios durante 9 meses en Argentina y regresar por 3 meses a Senegal para estar en familia y pasar vacaciones cada año.

En la red de Mekhe hay un importante número de vínculos parentales que son fuertes al estar relacionados con el proyecto migratorio del pionero. De hecho, quienes acceden a recursos e información son los que contribuyen a la consecución del proyecto migratorio de ese "nodo central" y es así como mejoran su trayecto y la incorporación al nuevo destino.

La tercera y última red es la red Baye Fall, una red por filiación religiosa. La mayoría de sus integrantes pertenecen al grupo religioso Baye Fall, que es un subgrupo de la cofradía mouride, un islamismo propiamente senegalés. En su mayoría, pertenecen a la etnia wolof y son de Dakar, capital de Senegal.

En cuanto a su proyecto migratorio, la red Baye Fall pretende viajar, ahorrar y retornar. Sus integrantes, en su mayoría varones, se plantean una estadía en destino temporal, que puede incluir diversos países, el mantenimiento de una existencia transnacional a través del envío de remesas y ven como primordial el retorno como un "migrante exitoso" que regresa con los ahorros suficientes para poner su negocio propio en origen y formar una familia.

Es importante aclarar que no es una red conectada a una cadena migratoria, sino que es más bien una red de arribo que se organiza horizontalmente en la etapa de inserción, ante un trayecto hostil, en la que las relaciones eran verticales. En esta red son escasos los vínculos parentales y son las relaciones de amistad las que más presencia tienen.

La fuerza de los vínculos la determinan proyectos y experiencias migratorias similares que los lleva, en el caso de esta red, a agruparse en parejas en sus etapas de inserción al destino. Son vínculos que se estrechan con el día a día, con el intercambio de favores y que se consolidan con una lealtad que se genera en el transcurrir de ese proceso de incorporación.

En los motivos que los llevaron a migrar las tres redes coinciden: "Los miembros de todas lo hacen con ánimos de emanciparse y de ganar ese prestigio social que gana quien sale de Senegal, trabaja en otro país y envía remesas de ayuda a su familia. Entre los más jóvenes aparece la idea de "aventura" y de salir para "conocer el mundo". Algunos autores que han analizado las migraciones senegalesas se refieren a una "cultura migratoria" ligada al tema de la masculinidad, donde la migración, el viaje, la salida fuera del país, es una preparación para los varones senegaleses, una manera de hacer valer sus identidades masculinas, en definitiva, un rito de pasaje (Riccio, 2004; Barbali, 2009; Citado en Sánchez y Zubrzycki, 2015).

La fuerza de los vínculos también determina el acceso a la información y los recursos que hacen más o menos cómodo el viaje y el trayecto migratorio. Como lo enunciamos anteriormente, esta fuerza facilitó los viajes y la inserción para miembros de redes como la de Casamance y Mekhe, donde existían mayores vínculos de parentalidad y donde existían lazos en común en el origen.

El acceso a estos recursos permitió que algunos miembros de Casamance viajaran en avión, mientras que integrantes de la red Baye Fall ante la ausencia de estas conexiones o de vínculos fuertes, solo accedieran a redes verticales y tuvieran que pagar por un viaje en avión, luego uno terrestre y después una especie de peaje por cada puesto migratorio por el que pasaban desde Ecuador a la Argentina.

En la etapa de inserción, quienes contaban con vínculos fuertes desde el origen contaron con vivienda y con la posibilidad de empezar a trabajar, los demás accedieron a redes de connacionales en condiciones más precarias. Sin embargo, luego sus vínculos se fortalecieron en destino y sus condiciones empiezan a mejorar a medida que se organizan como red.

Dedicarse a la venta callejera, para las tres redes, es la respuesta inmediata al llegar para responder por la ayuda familiar en origen y al sostenimiento propio en destino. Es una actividad a la que se dedican porque es el campo que sus contactos han explorado y del cual tienen experiencia. Ante la ausencia de documentos para trabajar, es la opción menos compleja y además coincide con esa característica cultural de trabajar fuera de relaciones de dependencia.

En definitiva, la fuerza de estos vínculos está determinada por los diversos proyectos migratorios que además involucran las decisiones propias de estos migrantes. Algunos de estos proyectos evidencian "voluntad de arraigo", mientras que en otros expresan "voluntad de movilidad" y en un tercer momento una existencia transnacional: "saber ser de aquí y de allá" (Arab, 2008, citado en Sánchez y Zubryzcki, 2015).

Estos proyectos además están vinculados a contar con un prestigio social que implica haber migrado, enviar remesas desde el exterior al origen y ocupar un importante lugar en esa sociedad de destino y de origen al ser un migrante "exitoso". Las consecuencias, en origen, es ser una persona deseable para formar un hogar o ser un ejemplo al contar con un negocio propio.

16.2 Las prácticas transnacionales

Las tres redes son sin duda redes transnacionales que afianzan su condición de "estar aquí y allá" a través del desarrollo de prácticas que aunque tengan lugar físico en destino, los conecta directamente con el origen. Como indicamos en el primer capítulo con el transnacionalismo se da respuesta a la situación del migrante que se mueve entre ambas realidades y cuestiona la tradicional teoría de la asimilación.

De hecho, en ninguna de las tres redes podemos hablar de un proceso de asimilación y más bien estas prácticas son expresiones de resistencia a ser parte de este proceso. Las prácticas descritas: de asociatividad, trabajo, sociales y religiosas afianzan los lazos con el origen y trasladan costumbres y creencias que se reformulan en destino.

De estas redes transnacionales no solo hacen parte migrantes, sino no migrantes y personas en origen y destino que no necesariamente se trasladaron a un nuevo lugar. Todos estos integrantes también resultan claves en esa existencia transnacional que conforma campos sociales transnacionales en los cuales circula información, bienes y creencias.

Estas prácticas transnacionales varían de acuerdo al origen de quienes las realizan, es decir de su filiación étnica, religiosa y territorial y también dependen de ese proyecto migratorio por el que decidieron viajar. De hecho, estas prácticas nutren ese objetivo final o ese propósito por el que se viajó de origen a destino.

Un ejemplo de la anterior afirmación se da con la práctica de envío de remesas y de regalos que se da en las tres redes construidas: En la red Casamance, ese intercambio de dinero y de regalos no es de todos los meses y es más bien un envío simbólico para ayudar a los que aún quedan allá, es una forma de mantenerse presente. Recordemos que el proyecto migratorio de Casamance es la reagrupación y la mayoría de núcleos familiares ya están en destino, así que la ayuda se envía a familiares no tan cercanos con los que no se quiere perder contacto, pero no es una ayuda necesaria ni requerida del todo en origen.

Otro es el caso de las redes Mekhe y Baye Fall en las que el envío de remesas sí es mensual, porque estos migrantes hacen parte de un proyecto migratorio en el que se comprometieron a mejorar la vida de los que quedaron en origen. En cuanto a los regalos, los primeros (Mekhe) los envían como una forma de mantenerse presente ante un proyecto que plantea una existencia transnacional y los segundos, ante un eventual retorno que sirve para preparar el "terreno" para su regreso. En las tres redes mantener el contacto con el origen resulta vital.

Mantenerse "senegalés" a pesar de la distancia es tal vez una constante para los integrantes de estas redes y por eso el contacto diario y casi permanente con miembros en origen es clave. En las tres redes, los integrantes están al tanto de las vidas de los que están en Senegal a través de los 'whatsapp', las redes sociales y las llamadas diarias. No hay una cercanía física, pero los vínculos fuertes se siguen afianzando a pesar de las fronteras.

En destino, los migrantes se arraigan a sus costumbres y creencias y por eso se agrupan con quienes comparten características étnicas, religiosas y de territorio. Con el desarrollo de estas prácticas también se afianzan los lazos de solidaridad y se intenta adelantar un proceso de inserción y un día a día menos hostil. Es el caso que se da con la comida: las tres redes conservan sus tradiciones de cenar todas las noches como familia y comen generalmente los platos típicos que corresponden a sus regiones.

La familia extendida, en el caso de la red Casamance, es una práctica del origen que se lleva al destino. La reagrupación, como proyecto migratorio, ha llevado a los integrantes de esta red a recrear la familia africana en la que la mayoría de sus integrantes viven en una misma casa. Los hombres juegan el papel de proveedores y las mujeres cuidan los niños y el hogar. El respeto a los mayores es otro de los puntos importantes de esta práctica. Sin embargo, la práctica empieza a reformularse en destino cuando las mujeres empiezan a ocupar roles también de proveedoras.

En las redes de Casamance y Mekhe se viven prácticas como el matrimonio transnacional. Matrimonios que se han realizado a través de las fronteras y donde la no cercanía física no es un impedimento para formar parejas. El origen sigue jugando un papel importante cuando la madre es quien da la aprobación sobre la nueva pareja y la filiación religiosa con la que se viene de Senegal es el eje con el que se celebra esta unión: un islamismo propio de Senegal.

Para otras redes donde el proyecto migratorio está muy ligado a prácticas transnacionales de trabajo, es importante resaltar la circulación. En este caso hacemos referencia a las redes de Mekhe y Baye Fall, donde variar los lugares de venta y la mercancía garantiza acercarse al propósito por el que se migró: crear un negocio en destino, para Mekhe, y ahorrar para tener un local propio en origen, para la red Baye Fall. Una práctica que se imita por otros integrantes de la red con experiencia migratoria previa y que lograron cumplir ese proyecto, aunque este no se hubiera dado necesariamente en Argentina.

La red Casamance, por su parte, fortalece más las prácticas sociales ante un proyecto que parece no contemplar un retorno inmediato al origen. Sin embargo, también fortalecen prácticas transnacionales de asociatividad en las que mantienen su contacto con origen a través de la creación de asociaciones que permitirán unir esfuerzos para mejorar la vida de los que quedaron allá. Se podría decir que existe una consciencia hacia un territorio físico y sus habitantes (el origen) al que se le debe dar un poco de lo que se ha logrado conseguir desde el destino.

Mientras que las prácticas de asociatividad para las redes Baye Fall y Mekhe están más dirigidas a esa red de connacionales con los que se comparte esa condición migratoria. Se unen esfuerzos para mejorar la vida de los que como ellos están en destino buscando una mejor vida y con los que en muchas ocasiones se comparten proyectos migratorios similares.

La filiación religiosa y las prácticas que de esta se derivan también tienen un fuerte componente transnacional. Todos los integrantes de las redes acuden sin falta a la celebración religiosa más importante para los musulmanes senegaleses: el Magal Touba. La devoción es tal que la comunidad intenta recrear los banquetes, los cantos y las oraciones que se dan en la ciudad sagrada de Touba, sin importar en este caso la distancia física.

Los miembros de la red de Mekhe se encargan de resaltar su pertenencia a la cofradía tidjane y los baye fall su compromiso y entrega, como servidores durante las celebraciones religiosas. Es más, los baye fall intentan mantener esa imagen de trabajadores durante los magal, encargándose de preparar la comida y el evento en general, como ocurre también en el origen. Es una demostración para los demás mouride y tidjane, pero también el camino para acercarse a Dios y a los suyos.

El desarrollo de estas prácticas transnacionales conecta a los integrantes de las redes con el origen, pero además estrechan los vínculos que alimentan esos campos sociales transnacionales en los que se comparten bienes, información y creencias y que luego se convierten en capital social que logra bienestar en las diferentes etapas de los migrantes y no migrantes.

16.3. El capital social

Como indicamos en el primer capítulo, las redes pueden ser vistas como formas de capital social. En específico, cuando esos lazos entre personas traen beneficios mutuos. Sin embargo, como enunció Portes y Landolt (2004) ese capital social más que estar centrado en los recursos, se concentra en esa habilidad de los migrantes para ordenarlos a través de las redes y así acceder a los beneficios.

Ese capital social en las redes construidas se expresa en la habilidad para lograr que el trayecto migratorio sea más cómodo y menos peligroso, en un proceso de inserción menos hostil en el destino y en un día a día que permita la consecución de ese objetivo final por el que se migró.

Teniendo en cuenta estos aspectos, en las tres redes construidas se destacó que quien accedía a ese capital social no solo comparte una filiación religiosa, parental o territorial, sino que logra contar con esos recursos a medida que haga parte del proyecto migratorio del pionero o de uno de los miembros de la red que está en destino. En otros casos, el intercambio recíproco de favores también permite acceder a estos recursos y le permite al migrante desarrollar esa habilidad para ordenarlos.

Es de esta manera, como vemos diferencia en los trayectos migratorios de redes como Casamance y Baye Fall. En el primer caso, el proyecto migratorio es el reagrupamiento familiar, lo que vincula directamente a los migrantes con el pionero y es por la razón por la que se accede a una información que permite un viaje cómodo, sin muchas escalas en avión. Sin embargo, en la red Baye Fall, que no está conectada a una cadena migratoria, el acceso a la información es escaso y para acceder a la misma se debe pagar: como resultado se genera un trayecto en su mayoría por tierra, hostil y evadiendo los puestos migratorios.

En los procesos de inserción, podemos ver una comparación similar entre las redes de Mekhe y Baye Fall. La primera logra que los migrantes al llegar accedan a una casa, comida y trabajo de inmediato por su relación con el pionero. Y este último, recibirá de ese migrante una ayuda vital para agrandar su negocio y para fortalecerlo. Mientras que en la red Baye Fall, una red de arribo, los contactos al llegar son inexistentes, sin embargo acceden a redes por pertenencia territorial, mediante las cuales logran acceder a estos mismos aspectos pero de forma más precaria.

En el día a día es más clara esa habilidad de ordenar recursos para las tres redes construidas: las redes de Mekhe y Baye Fall tienen como prácticas la circulación para incrementar las ganancias y crear sus propios negocios. La red Casamance, en específico, muestra a las mujeres desarrollando estrategias para trabajar por su cuenta, sin descuidar su trabajo en el hogar y en el cuidado de los hijos.

En el desarrollo de este trabajo también se detectaron las fuentes de ese capital social altruista e instrumental: Solidaridad vinculada (instrumental) que se refiere al otorgamiento de recursos a otros miembros de la misma comunidad. Y que se evidencia en la conformación de organizaciones como Karambenor, en la red de Casamance; en las recolectas para los paisanos, de la red de Mekhe y en el trabajo organizativo de las celebraciones religiosas por parte de los integrantes de la red Baye Fall.

En el capital social instrumental se enumeran fuentes de reciprocidad simple cuando la red está sujeta a una cadena migratoria en origen y mediante la cual viajan nuevos migrantes que esperan recibir lo básico para insertarse al destino; y a cambio, quienes están en destino también tienen una expectativa de reembolso ante los favores que se le prestan a quienes llegan.

En las tres redes se vivieron casos de fuentes de capital social instrumentales, relacionadas con la confianza exigible y que coinciden con esas solidaridades que despliegan redes por pertenencia territorial (senegaleses en Buenos Aires) y que reciben a esos migrantes que carecen de contactos en destino y, de esta forma, facilitan su proceso de inserción. Al final, la estructura social actúa como garante de un reembolso por parte del migrante.

Las tres redes también coinciden en las consecuencias negativas de ese capital social: la exclusión de extraños, el exceso de exigencias a los miembros del grupo y la restricción a la libertad individual. En estas tres consecuencias es claro el vínculo con el origen: se accede al capital social si hay una filiación étnica, religiosa, territorial similar o si se comparte un proyecto migratorio común o un intercambio de favores que estreche el vínculo. Sino hace parte de ninguno de estos aspectos, con dificultad se accederá a ese capital social.

Los miembros aunque físicamente estén en un nuevo lugar, siguen atendiendo a las tradiciones del origen y están en destino construyendo a diario su prestigio social y económico en Senegal. Además, sus expectativas siguen marcadas por su cultura y por dictámenes sociales que ellos mantienen, pero que resignifican desde el destino y que los lleva a tener largas jornadas laborales para cumplir con sus propósitos económicos y a esperar la aprobación familiar cuando se elige una pareja con la que se quiere compartir la vida.

Bibliografía

Agnelli, Silvia y Kleidermacher, Giselle (2009): "Migración estacional de senegaleses en Mar del Plata", ponencia presentada en VIII Reunión de Antropología del Mercosur, Universidad de San Martín. Buenos Aires, Argentina.

Alvear Trenor, B. (2008): "Los flujos migratorios actuales en África subsahariana: el predominio de la migración intra-africana sobre la extra-africana". Documento de Trabajo Nº 50. Real Instituto Elcano.

Arango, Joaquín (2003): "La explicación teórica de las migraciones: Luz y Sombra", en la revista Migración y Desarrollo. Red Internacional de Migración y Desarrollo. No. 1, México.

Arduino, María Eugenia (2011): Inmigrantes senegaleses en Buenos Aires actual. Un caso de adaptación selectiva de religiosidad. XIII Jornadas Interescuelas- Departamentos de Historia. San Fernando del Valle de Catamarca, 10- 13 de agosto.

Arsa Asociación de Residentes Senegaleses en Argentina (2015): "Historia de la migración senegalesa en Argentina", en http://bit.ly/2vR9d6s (última consulta 29 de mayo de 2015).

Asa, P; Courtis, C; Pacceca, M. I; Talpone, G. (2007): "La población refugiada en la Argentina". En: Torrado, S. (Comp.) *Población y bienestar en la Argentina del primero al segundo centenario. Una historia social del siglo XX.* Toma I. Buenos Aires, Edhasa.

Ba, Mamadou (2011): "Las etnias de Senegal", en el portal Web Guía de Senegal. Disponible online: http://bit.ly/2ePrvxV Última revisión: 26 de abril de 2015.

Basch, Lind, Glick Schiller, Nina y Szanton Blanc, Cristina (1994): *"Nations unbound: transnational projects, postcolonial predicaments and deterritorialized nation-states"*. Amsterdam; Gordon and Breach.

Bava, S. (2003): "Les cheikhs mourides itinérants et l'espace de la ziyara à Marseille. *Anthropologie et Sociétés*, vol. 27 no. 1.

Bobes, Cecilia (2012): "El transnacionalismo como enfoque. Una reflexión para construir un modelo analítico", en Bobes, Cecilia (coord.): "Debastes sobre transnacionalismo. Documentos de Trabajo. Avance de Investigación. Flacso. México.

Brauner, S. y Brumat, L. (2012): "Diásporas y migraciones recientes en la Argentina: una aproximación a las perspectivas en debate. El caso judío y senegalés", en Las poblaciones afrodescendientes de América Latina y el Caribe. Pasado, presente y perspectivas desde el siglo XXI, eds: Universidad Nacional de Córdoba-Universidad Nacional de Tres de Febrero.

CELS (2012): "Política migratoria y derechos humanos: consolidación de una agenda para proteger los derechos de los migrantes", en Informe anual 2012 sobre migrantes del Centro de Estudios Legales y Sociales (CELS). Capítulo V. Págs. 325-349, Argentina.

Chevalier-Beumel, Ellen y Morales, Orlando Gabriel (2012): "Aproximación etnográfica a la nueva migración africana en Argentina. Circulación y saberes en el caso de los senegaleses arribados en las últimas dos décadas", en la Revista Astrolabio No. 8. Universidad de Barcelona.

Cicogna, Maria Paula (2007): "La comunidad de refugiados peruanos y senegaleses en la Ciudad Autónoma de Buenos Aires. Su caracterización sociocultural". Ponencia presentada en las *VII Jornadas de Sociología de la UBA*, Buenos Aires, 5 al 9 de noviembre de 2007.

Cohén, A, P. (1984): "Informants", en R. F. Ellen (comp.), Ethnographic Research. A Guide of General Conduct, Londres, Academic Press.

Demba Fall, Papa (2010): "Sénégal, Migration, marché du travail et dévloppement", Organisation internationale du Travail (Institut International d'études sociales). España. Disponible online: http://bit.ly/2wLPunv

DNM (2013): "Arribó al país misión diplomática de la República de Senegal", nota de prensa de la página de Internet de la Dirección Nacional de Migraciones (DNM). Publicada el 21 de febrero de 2013. Disponible en línea: http://bit.ly/2xSZNEY (Última fecha de consulta: 22 de febrero de 2013).

Devoto, Fernando (1992): "Movimientos migratorios: historiografía y problemas", Centro Editor de América Latina, Buenos Aires.

Devoto, Fernando (2009): "Historia de la inmigración en la Argentina", editorial Sudamericana, Buenos Aires.

Domínguez, María Eugenia (2004): *"O "Afro" entre os imigrantes em Buenos Aires: reflexões sobre as diferenças"*. Disertación de Maestría. Programa de Pós-graduação em Antropologia Social. Universidade Federal de Santa Catarina.

Epstein, Diana Lia (1994): "Los judeo marroquíes en Buenos Aires: pautas matrimoniales 1875-1910", Universidad de Buenos Aires. Ponencia presentada en el XVIII Congreso Internacional de LASA, realizado en Atlanta, Georgia. Disponible Online: http://bit.ly/2eJF2mE (última consulta 25/02/2015).

Espiro, María Luz (2012): "Representaciones de los africanos entre los habitantes de la ciudad de La Plata a partir de la circulación de los "vendedores de bijouterie"", en la Revista Kula, Antropólogos del Atlántico Sur, Vol. 7. Pp. 53-66, Argentina.

Estupiñán Serrano, Mary Luz (2013): "Entre la violencia política y social. Una revisión a la inmigración africana subsahariana occidental en Buenos Aires (1990-2010), en Barreira, César; González, Roberto y Trejos, Luis Fernando, "Violencia política y conflictos sociales en América Latina", Editorial Universidad del Norte y Clacso. Pp. 167-191, Colombia.

Fontenla, Marta (2007): "¿Qué es el patriarcado?", en Gamba, Susana Beatriz: "Diccionario de Estudios de Género y Feminismos", Editorial Biblos.

García Abad, Rocío (2001): "El papel de las redes migratorias en las migraciones a corta y media distancia", en la Revista Scripta Nova. Revista Electrónica de Geografía y Ciencias Sociales. No. 94, Universidad de Barcelona.

García, Martina Inés (2014): "¿Qué significa discriminar? Etnografía de la judicialización de la venta ambulante de migrantes africanos en la Ciudad de Buenos Aires", *Cuadernos de Antropología*, No. 11: 25-36. Enero-Junio. Argentina.

Geertz, Clifford (1992): "Descripción densa: hacia una teoría interpretativa de la cultura", en "La interpretación de las culturas". Editorial Gedisa. Barcelona, España.

Gil Araujo, Sandra y Pedone Claudia (2012): "Migraciones y vida familiar entre España y América Latina", en la Revista Voces en el Fénix 'La última frontera'. No. 21. Pp. 68-75. Buenos Aires, Argentina.

Glick-Schiller, Nina (1995): "From Inmigrant to Transmigrant: Theorizing Transnational Migration", Anthropology Quartely, 68 (1), pp. 48-63.

Glick-Schiller, Nina; Basch, Linda; Blanc-Szanton, Cristina (2005): "Transnacionalismo: un nuevo marco analítico para comprender la migración", en la Revista Bricolage, pp. 68-84, México.

Gómes, Miriam (2001): "Apuntes para una historia de las instituciones negras en la Argentina". En Picotti, D. (comp.) *El negro en la Argentina. Presencia y negación.* Buenos Aires, Editores de América Latina.

Gómes, Miriam (2005): "Los negros- africanos en la historia Argentina", en Bibliopress, boletín del Congreso Nacional. Buenos Aires, Argentina Disponible online: http://bit.ly/1lkeGGf (Última consulta 2 de marzo del 2015).

Gómes, Miriam (2006): "El escamoteo de la entidad y de la identidad afro-negra". Cuadernos del IPL, Año 1, N°1. Buenos Aires, Eduntref.

Guber, Rosana (2004): "El salvaje metropolitano: reconstrucción del conocimiento social en el trabajo de campo", Paidós, Estudios de Comunicación, Buenos Aires.

Honigmann, J. (1982): "Sampling in ethnographic fieldwork", en R. G. Burgess (comp.), FieldResearch: A Sourcebook andField Manual, Londres, Alien & Unwin.

Huntington, Samuel P., (2005): "El Choque de Civilizaciones y la Reconfiguración del Orden Mundial", Paidós Surcos I, Buenos Aires.

Imaz, Cecilia (2006): "La nación mexicana transfronteriza: impactos sociopolíticos en México de la emigración a Estados Unidos", Seminario de Migración y Política. Universidad Nacional Autónoma de México (UNAM), México.

Kleidermacher, G. (2009): "El espectro afro en nuestro país", en la Revista Margen: de trabajo social y ciencias sociales, No. 53, Argentina. Disponible en línea: http://bit.ly/2gQwsH6

Kleidermacher, G. (2011): "Africanos y afrodescendientes en la Argentina: invisibilización, discriminación y racismo", en la *Revista RITA*, No. 5, puesto en línea el 15 de diciembre de 2011. Disponible en línea: http://www.revue-rita.com/traits-dunion-thema-59/africanos-y-afrodescendientes-en-la-argentina-invisibilizacion-discriminacion-y-racismo.html

Kleidermacher, Giselle (2012): "Migración senegalesa y venta ambulante. Un análisis desde la exclusión social", en *Controversias y Concurrencias Latinoamericanas*. Vol. 4. No.6, Asociación Latinoamericana de Sociología (Alas).

Kleidermacher, G. (2012 (b)): "Migraciones subsaharianas a la Argentina: interacción, integración o exclusión", en la *Revista Ánfora*. No. 32 año 19, Colombia.

Kleidermacher, G. (2012c): "Migración Sur-Sur senegaleses en la ciudad de Buenos Aires", en la Revista Voces en el Fénix, No. 21, Buenos Aires. Disponible en línea: http://bit.ly/1yFXOPC

Kobelinsky, Carolina (2003): "Ciudadanìa Liminal. La objetividad quimérica del refugiado. Las trayectorias de refugiados malienses y senegaleses en Buenos Aires". Tesis de licenciatura. Facultad de Filosofía y Letras, Universidad de Buenos Aires. Argentina.

Largaespada, Mildred (2011): "Vivir, migrar en Nicaragua", en 1001 migraciones. Libro-blog. Septiembre, 2011. Editado por 1001 trópicos. Managua, Nicaragua. https://1001migraciones.wordpress.com/

Lenke, Asociación cultural y ONGD por África Portal Web (2015): "Oeste de África. Etnia Malinké". Disponible on line: http://www.lenke.es/conoce_africa5.html Última consulta: 26 de abril de 2015.

Levitt, Peggy, Glick-Schiller, Nina (2004): "Perspectivas internacionales sobre migración: conceptuar la simultaneidad", en la revista Migración y Desarrollo. Red internacional de migración y desarrollo. No.3, pp.60-91, México.

Macdonald, J. y Macdonald, L. (1964): "Chain Migration, Ethnic Neighbourhood Formation and Social Networks", The Milbank Memorial Fund Quartely, 1, pp. 82-96.

Mc Dowell, Linda. Valid Games (1992): "A response to Erica Schoenberger. *The Professional Geographer*", Vol. 44, Nº 2, p. 212-215.

Maferra, Julieta (2011): "Migrar es un derecho fundamental humano", en Edición Uncuyo, publicación digital de la Universidad Nacional de Cuyo, Argentina. http://www.edicionuncuyo.com/migrar-es-un-derecho-humano-fundamental. Última revisión 12 de agosto de 2014.

Maffia, Marta; Ballina, Sebastián y Monkevicius, Paola (2005): "Las asociaciones de inmigrantes extranjeros y sus descendientes en la provincia de Buenos Aires. Espacios y tiempos de identidad desde una perspectiva antropológica", *Studi Emigrazione*. Roma. Vol. XLII, No. 159: 625-642. Septiembre.

Maffia, Marta (2007): "El mar también era mi camino: Migración, parentesco y familia entre los caboverdianos de la Argentina". Tesis de doctorado para optar por el título de Doctora en Ciencias Naturales de la Facultad de Ciencias Naturales y Museo de la Universidad de La Plata, Argentina.

Maffia, Marta (2010): "Desde Cabo Verde a la Argentina. Migración, parentesco y familia". Editorial Biblos. Buenos Aires, Argentina.

Maffia, Marta (2011): "La migración subsahariana hacia Argentina: Desde los caboverdianos hasta los nuevos migrantes del Siglo XXI", en Catterberg, Gabriela y Mercado, Ruben (coord.): "Aportes para el Desarrollo Humano en Argentina/ 2011: Afrodescendientes y africanos en Argentina", Programa de las Naciones Unidas para el Desarrollo PNUD, Ed. 1, Buenos Aires.

Maffia, Marta, Ottenheimer, Ana Cristina y Zubrzycki, Bernarda (2007): "Nuevos inmigrantes africanos en Argentina". *Actas de las XI Jornadas Interescuelas* – Departamentos de Historia. Tucumán. Editadas en CD.

Maffia, Marta y Agnelli, Silvina (2008) "Primeras aproximaciones al estudio de la nueva inmigración africana en la Argentina". En: IRI-Facultad de Ciencias Jurídicas y Sociales (Ed.) *Anuario del Instituto de Relaciones Internacionales*. La Plata: UNLP.

Malgesini, G. y Giménez, C. (1997): "Guía de conceptos sobre migraciones, racismo e interculturalidad", Madrid, La Cueva del Oso.

Marcelino, P. y Cerutti, M. (2011): "Recent african inmigration to South America: The cases of Argentina and Brazil in the regional context", en Martínez, J. y Reboiras L. (edit.) *Development, institutional and policy aspects of international migration between Africa, Europe and Latin America and the Caribbean.* Economic Commision for Latin American and the Caribbean (ECLAC) United Nations, Santiago de Chile. P. 107-143.

Mármora, Lelio (2003): "Las políticas de migraciones internacionales", Editorial Paidós- tramas sociales, Argentina.

Mases, Enrique; Zanini, Silvia; Frapiccini, Alina y Gingins, María E. (1991): "La inmigración francoargelina en la Argentina: la colonización en Valle Azul", en la Revista Estudios Sociales No. 1. Segundo semestre. Universidad Nacional del Litoral, Santa Fe, Argentina.

Massey, D. et al. (2000): "Teorías sobre la migración internacional: una reseña y una evaluación", en: *Revista Trabajo*, año 2, N° 3, Enero.

Massey, D.; R. Alarcón, J. Durand y H. González (1987): "Return to Aztlan: the social process of international migration from Western Mexico". Berkeley y Los Angeles: University of California Press.

Massey, D.S., Arango, J., Hugo, G., Kouaouchi, A, Pellerino, A., Taylor, J.E. (1998): "Una evaluación de la teoría de la migración internacional: el caso de América del Norte". En MALGESINI, G. (comp.) *Cruzando fronteras. Migraciones en el sistema mundial.* Madrid: Icaria, Fundación Hogar del Empleado, p.189-264.

Mera, Carolina y Kleidermacher, Giselle (2012): "Empresariado migrante: presencia urbana de migrantes coreanos chinos y senegaleses en la ciudad de buenos aires", en Aboussi, Mourad; García-Quero, Fernando y López, Fernando (comps.) (2012): "Empresariado migrante, instituciones y desarrollo", Editorial Comares, España.

Micolta León, Amparo (2005): "Teorías y conceptos asociados al estudio de las migraciones internacionales", en la Revista de Trabajo Social No. 7, Universidad Nacional de Colombia, pp.60-76, Bogotá.

Miles, Miranda and Crush, Jonathan (1993): "Personal Narratives as Interactive Texts: Collecting and Interpreting Migrant Life-Histories". *The Professional Geographer*, Vol. 45, N° 1, p. 84-94.

Minvielle, Régis y Martino, María Cecilia (2013): "La evolución de la migración africana en Argentina: Desde el marinero caboverdeano hasta el aventurero subsahariano", Actas del Congreso Nacional de la Asociación Latinoamericana de Estudios de Asia y África Aladaa 2013, Universidad Nacional de Tucumán. Argentina.

Moctezuma, Miguel (2008): "Transnacionalidad y transnacionalismo". http://bit.ly/2gQaqnP Última revisión 31 julio del 2014.

Moraes Mena, Natalia (2010): Reseña del texto "Nuevos retos del transnacionalismo en el estudio de las migraciones. Documentos del Observatorio Permanente de la inmigración", de Solé, Carlota; Parella, Sonia y Cavalcanti, Leonardo (coord.). Revista Empiria No. 19 (enero-julio de 2010), pp. 277-316, Madrid.

Morales, Orlando Gabriel (2009): "Africanos del oro 14: la migración negra hacia Argentina en el Siglo XXI", 1a. Ed., La Plata, Argentina.

Morales, Orlando Gabriel (2010): "Nuevas dinámicas migratorias globales y representaciones locales sobre los negros en Argentina. El caso de las percepciones de agentes de la Policía bonaerense sobre recientes migrantes africanos" en: *Sociedad y Discurso* 18, pp. 121-148.

Morales, Orlando Gabriel (2011): "Aventureros e internacionales: dos figuras representacionales de la migración africana en Argentina". En Ludmila, Adad y Claudia Villafañe (Coords.), Actas de las III Jornadas de Antropología Social del Centro Redefiniciones y continuidades: debates desde la antropología (pp. 239-258). Tandil, Buenos Aires: Universidad Nacional del Centro de la Provincia de Buenos Aires.

Morales, Orlando Gabriel (2013): "Diálogos sobre movilidades de África occidental y el rol de las políticas migratorias", Workshop. Instituto de Investigaciones Gino Germani (UBA) y Danish Institute for International Studies. Buenos Aires, Argentina.

Morales, Orlando Gabriel (2014): "Representaciones de alteridades "negras", africanas y afrodescendientes, en la sociedad nacional en Argentina. Primera década del Siglo XXI. Tesis para optar por el título de Doctor en Comunicación, de la Universidad Nacional de La Plata, Argentina.

Moreno Maestro, Susana (2009): "Vivir en familia a miles de kilómetros. Nuevos modelos para una migración transnacional", Grupo de investigación GEISA, Dpto. Antropología de la Universidad de Sevilla. II Jornadas Mediterráneo Migrante (Medimigra). Universidad de Murcia, 21-23 octubre de 2009, España.

OIM (2011): "Migrantes extracontinentales en Sudamérica-Informe preliminar", Informe presentado en la XI Conferencia Sudamericana Sobre Migraciones por la Organización Internacional Para las Migraciones (OIM). Octubre, 2011, Brasil.

Pacecca, María Inés y Courtis, Corina (2008): "Inmigración contemporánea en Argentina: dinámicas y políticas", en la Publicación Serie, Población y Desarrollo No. 84. Centro Latinoamericano y Caribeño de Demografía (CELADE) – División de Población de la CEPAL, Santiago de Chile, Chile.

Palacios de Cosiansi, Liliana (2013): "La inmigración de África Occidental a Tucumán –Argentina y sus estrategias de inserción laboral", Actas del Congreso Nacional de la Asociación Latinoamericana de Estudios de Asia y África Aladaa 2013, Universidad Nacional de Tucumán, pp. 2719-2731. Argentina.

Pardo, Ana (2012): "Espacio y migración: análisis de las principales perspectivas teóricas", en Bobes, Velia (coord): "Debates sobre transnacionalismo". Documentos de trabajo. Avance de investigación, Flacso, México.

Pedone, Claudia (2000): "El trabajo de campo y los métodos cualitativos", en la Revista Scripta Nova No. 57, Universidad de Barcelona.

Pedone, Claudia (2002): "El potencial del análisis de las cadenas y redes migratorias en las migraciones internacionales contemporáneas", Actas del III Congreso sobre la Inmigración en España. Vol II, pp. 223-235, Granada, España.

Pedone, Claudia (2010): "Cadenas y redes migratorias: propuesta metodológica para el análisis diacrónico-temporal de los procesos migratorios", en la Revista Empiria No. 19 (enero-julio 2010), pp. 101-132, Madrid.

Portes, Alejandro y Böröccz, Jósef (1998): "Migración contemporánea. Perspectivas teóricas sobre sus determinantes y sus modalidades de incorporación". En: Malgesini, Graciela (comp.) Cruzando fronteras: migraciones en el sistema mundial. Icaria. Fundación Hogar del Empleado, D. L. Barcelona. Pp. 43-74.

Portes, Alejandro y Landolt, Patricia (2004): "El desarrollo futuro de América Latina. Neoliberalismo, clases sociales y transnacionalismo", capt. 5, Colección En clave de Sur, 1a. edición. Editorial ILSA, Bogotá.

Quesedo, Rosario y Castaño, Carlos (2002): "Introducción a la metodología de investigación cualitativa", en la Revista de Psicodidáctica, No. 14. Universidad del País Vasco, España.

Ramella, Franco (1995): "Por un uso fuerte del concepto de red en los estudios migratorios", en Bjerg, María y Otero Hernán (comp.): "Inmigración y redes sociales en la Argentina moderna". Instituto de Estudios Históricos Sociales, de la Facultad de Ciencias Humanas de la Universidad Nacional del Centro de la Provincia de Buenos Aires y el Centro de Estudios Migratorios Latinoamericanos (CEMLA). Buenos Aires, Argentina.

Reiter, Paula (2010): "Dimensiones socioculturales de la migración senegalesa en Buenos Aires", Ponencia presentada para las VI Jornadas de Investigación en Antropología Social. Sección de Antropología Social, Instituto de Ciencias Antropológicas, Facultad de Filosofía y Letras, Universidad de Buenos Aires (UBA). Agosto, 2010. Argentina.

Rivera, Liliana (2012): "Vínculos y prácticas de interconexión en un circuito migratorio entre México y Nueva York", Consejo Latinoamericano de Ciencias Sociales (CLACSO). Colección Becas de investigación. Buenos Aires, Argentina.

Rizzolo, Julieta (2011): "Panorama de la migración internacional en la Argentina", en Griffa, Norberto, "Las migraciones actuales en Argentina. Memorias de las jornadas del 18 y 29 de junio de 2011", Eduntref, Buenos Aires, Argentina.

Rouse, R. (1992): "Making Sense of Settlement: Class Transformation, Cultural Struggle and Trasnationalism among Mexican Migrants in the United States". En Glick Schiller, N., Basch, L. y C. Blanc Szanton (eds), *Towards a Trasnational Perspective on Migration: Race, Class, Ethnicity and Nationalism Reconsidered*. New York: Academy of Sciences.

Saltalamacchia, Homero (1992): "La historia de vida: reflexiones a partir de una experiencia de investigación", Colección Investigaciones. Ediciones CIJUP, Buenos Aires.

Sánchez Alvarado, Lina Fernanda (2014): "El negro como categoría colonial en la realidad de los migrantes africanos que arribaron a Buenos Aires en el Siglo XXI", ponencia presentada en el XI Congreso Argentino de Antropología Social, de la Universidad Nacional de Rosario, Argentina.

Sánchez Alvarado, Lina Fernanda y Zubryzcki, Bernarda (2015): "Redes y proyectos migratorios de los senegaleses en Argentina", ponencia presentada en la XI Reunión de Antropología del Mercosur: Diálogos, prácticas y visiones antropológica desde el sur. Universidad de la República Uruguay. Montevideo, Uruguay.

Santellán, Gabriel (2010): "Las paradojas de la globalización: el caso de los senegaleses en Buenos Aires", Universidad de Luján. http://www.econlink.com.ar/senegal-argentina (Consulta febrero de 2016).

Sinatti, Giulia (2008): "Migraciones, transnacionalismo y locus de investigación: multi-localidad y la transición de «sitios» a «campos»", en Solé, Carlota; Parella, Sonia y Cavalcanti, Leonardo (Comp.), "Nuevos retos del transnacionalismo en el estudio de las migraciones", Observatorio permanente de la inmigración. Ministerio de trabajo e inmigración de España.

Smith, Michael y Guarnizo, Luis Eduardo (1999): "The locations of transnationalism", en Michael Peter Smith y Luis Eduardo Guarnizo (Ed.), *Transnationalism from Below, Transaction Publishers*, New Brunswick, New Jersey.

Sow y Goldberg (2012): "Las migraciones de africanos hacia Brasil y la Argentina: nuevas dinámicas y espacios territoriales en transformación", en Pineau, Marisa (editora): "Huellas y legados de la esclavitud en las Américas", Proyecto Unesco La Ruta del Esclavo, Editorial Untref, Buenos Aires.

Suárez Navas, L. (2008): "Lo transnacional y su aplicación a los estudios migratorios. Algunas consideraciones epistemológicas", en Retos epistemológicos de las migraciones transnacionales, Barcelona, Antrophos, pp. 48-63.

Tarrius, Alain (2000): "Leer, Describir, Interpretar. Las circulaciones migratorias: conveniencia de la noción de "territorio circulatorio". Los nuevos hábitos de la identidad". *Relaciones* 83: 38-66.

Tarrius, Alain (2007): "La mundialización por abajo. El capitalismo nómada en el arco mediterráneo". Barcelona: Hacer.

Texidó, Ezequiel (2011): "La migración africana en el cono sur. Una aproximación a las características de los flujos recientes", ponencia presentada en las Jornadas internacionales del Observatorio sobre la Realidad Social del África Subsahariana (FCA-UAM), Fundación Carlos de Amberes, España.

Traoré, Boubacar (2006): "Los inmigrantes senegaleses en la Argentina: ¿Integración, supervivencia o participación?" Ponencia presentada en las *Primeras Jornadas Afroargentinos hoy; invisibilización, identidad y movilización social*. La Plata, 5 y 6 de octubre de 2006.

Trincheri, Alcira y Roldán, María Victoria (2013): "Notas sobre los senegaleses en la ciudad de Neuquén", Actas del Congreso Nacional de la Asociación Latinoamericana de Estudios de Asia y África, Aladaa 2013, Universidad Nacional de Tucumán. Argentina.

UBA (2010): "Perspectivas socioculturales y sociodemográficas de la población afrodescendiente y africana". Proyecto reconocimiento institucional-Facultad de Ciencias Sociales-UBA "El legado de África. Cátedra "La sociología y los estudios poscoloniales". Asociación Civil África y su Diáspora para la defensa de los derechos humanos".

Vagni, Juan José (2008): "Los estudios sobre el norte de África en Brasil y Argentina. Reflexiones en torno a un espacio residual", en CLACSO (Consejo Latinoamericano de Ciencias Sociales) y CEA-UNC (Centro de Estudios Avanzados-Universidad Nacional de Córdoba): "Los estudios afroamericanos y africanos en América Latina: herencia, presencia y visiones del otro", Córdoba, Buenos Aires, Argentina.

Vasconcellos, Christianne Silva (2011): "Fotografías de amas de leche en Bahía. Evidencia visual de los aportes Africanos a la familia esclavista en Brasil", en la Revista Nómadas. No. 35. Universidad Central. Bogotá, Colombia. Disponible online: http://www.scielo.org.co/scielo.php?script=sci_serial&pid=0121-7550&lng=en&nrm=iso (Última consulta 06 de abril de 2015).

Wabgou, Maguemati (2011): "Migraciones africanas en América del Sur: Los casos de Argentina y Brasil", Universidad Nacional de Colombia. Corcas Editores Ltda. Bogotá, Colombia.

Wabgou, Maguemati (2012): "América Latina: ¿Nuevo destino de los inmigrantes africanos o nueva etapa en su periplo hacia EEUU?". Pp. 1-32 en *África en movimiento. Migraciones internas y externas*, compilado por M. Kabunda. Madrid: Observatorio sobre la Realidad social del África Subsahariana de la Fundación Carlos de Amberes. Consultado 15 de diciembre de 2013 http://83.175.207.190/observatorio/index.php/Art%C3%ADculos_in%C3%A9ditos (Última consulta febrero 2016).

Zubrzycki, Bernarda (2009): "La migración senegalesa y la diáspora mouride en Argentina", en la VIII Reunión de Antropología del Mercosur, Grupo de Trabajo 28: Diásporas, prácticas transnacionales y formaciones identitarias. Disponible online: https://bit.ly/2J46gFC (última consulta 09 de marzo de 2015).

Zubrzycki, Bernarda y Agnelli, Silvia (2009): "Allá en África, en cada barrio por lo menos hay un senegalés que sale de viaje". La migración senegalesa en Buenos Aires, en Cuadernos de Antropología Social No. 29, pp. 135-152, Facultad de Filosofía y Letras, Universidad de Buenos Aires (UBA).

Zubrzycki, Bernarda (2011): "Senegaleses en Argentina: Un análisis de la mouridiyya y sus asociaciones religiosas", en Boletín Antropológico No. 81, Año 29, pp. 49-64. Universidad de los Andes, Venezuela.

Zubrzycki, Bernarda (2014): "Circulaciones y prácticas transnacionales. Un análisis de la migración senegalesa en Argentina", División Etnografía, Facultad de Ciencias Naturales y Museo, Universidad Nacional de La Plata- Conicet (Argentina). Ponencia preparada para el Congreso 2014 de la Asociación de Estudios Latinoamericanos, Chicago, IL, del 21 al 24 de mayo de 2014.

Zubrzycki, Bernarda; Ottenheimer, Ana Cristina; Agnelli, Silvina y Kleidermacher, Gisele (2008): "Nuevas presencias africanas en la provincia de Buenos Aires", ponencia presentada en el IX Congreso Argentino de Antropología Social (5 al 8 de agosto de 2008). Misiones, Argentina.

_____ (2008): "Baye Fall, los rastas musulmanes de Senegal", en el Portal Web Portal Web Mashaallah. Disponible en línea: http://mashaallah.blogspot.es/1222781820/baye-fall-los-rastas-musulmanes-de-senegal/ Última fecha de consulta: 13/01/2015.

_____ (2012): "La religión en Senegal", en el Portal Web *Wolof para mujeres que aman Senegal*. Disponible en línea: http://bit.ly/2wN1fuO Última fecha de consulta: 12/01/2015.

Este libro se terminó de imprimir en junio de 2018 en Imprenta Dorrego (Dorrego 1102, CABA).

www.ingramcontent.com/pod-product-compliance
Lightning Source LLC
Chambersburg PA
CBHW021840220426
43663CB00005B/335

Resurrect Titans

Sequestration Science's Leap Forward
&
The End of Global Warming

Copyright© 2024 by Vestibule Holdings, Inc
1600 Wade Circle, Klamath Falls, Oregon 97601-1583
www.maturetrees.org

<u>All rights reserved</u>. No part of this book may be reproduced or used in any manner without written permission of the copyright owner except for the use of quotations in a book review, cited, or in reference. To cite or reference please include the following information:

Thompson, Timothy C, Resurrect Titans, version 1, October 2024, Vestibule Holdings Inc, Klamath Falls Oregon 97601-1583.

Edited and designed by staff at MatureTrees.org

ISBN: 979-8-218-51899-8 (Paperback)
ISBN: 979-8-218-51898-1 (E book)
ISBN: 979-8-218-55801-7 (Hardcover)

For My resolute Wife, Winonna, I do love our craziness.
To Dave F, a genius with cartoon problems and writing skills.
To Isaiah, where is that green couch?
To Tia, Claire, Sybil, Roger, Van, Michele, Robin, Sean, B&B, David M; the only thing on the menu is elephant, thanks for bringing the BBQ sauce.

BUYING THIS BOOK FIXES CLIMATE CHANGE.

I wanted to use what little prose I have to explain the breakthrough in sequestration science to everyone, regardless of background or education. That's why this book was written with stories and examples, while hoping everyone will take part and develop their own concepts. And so, it's time to decide...

Only human attention can expose our worthiness to be Earth's master with its conviction to truth. Or are we just animals? Just aimless, wandering creatures driven by instant gratification, greed, or self-serving motivators. Beast's being lured to slaughter, oblivious to cause and effect, blinded by Earth's abundant resource's. Do we simply move from one grazing point to another? Are humans destined to become extinct by lacking any one counted vote in the group's efforts? That all seems just as true as the common brown rat's indifference to this book's knowledge. The rat, despite everything to gain, will remain unrewarded in understanding its habitat. It will not learn anymore then it knows already. So, are you an animal or are you human? Decide quickly or embrace the mayhem as extinction becomes your very own.

NEED MORE CONVINCING. THIS BOOK REALLY DOES END CLIMATE CHANGE.

Every other climate book regurgitates the same, tired narratives. They report bad news and push agendas for you to buy into and nothing new. But this book breaks the mold. It reveals that while other books may have good intentions, they end up worshipping human made climate failures. This book tells the raw, unfiltered truth: climate change can be fixed, and we only now understand how. Backed by undeniable scientific results, it challenges the baseless assumptions of other works. So, prepare yourself: the facts in this book are alarming.

Climate change is more dire than we ever imagined and will take decades to fix. This book isn't just about emissions-it's about the deeper issues that sequestration science uncovered.

But there is hope. Sequestration science provides new, empowering knowledge. We must embrace it. We've been given the ultimate gift to end global warming-our last chance. Time is critical. Without incorporating sequestration into our climate strategies, humanity is on an accelerating path to doom. This book offers no spin, no sugar coating, just the unvarnished truth. A human future amidst unchecked global warming is unimaginable and unlivable. The information within is essential for survival, and its facts do not disappoint. Although difficult to accept, they are clear and compelling. Readers will quickly understand their gravity. This science has the power to change you for the better, even if it's uncomfortable. Ignorance and complacency are no longer an option; both are no longer acceptable. And so, welcome to the reality of Complete Mitigation Science. This book isn't just nonfiction—it's a vital lifeline, the only one within reach.

Sincerely,

Timothy. C. Thompson

PS - Normally, as a scientist, I'm expected to stay neutral and just present the facts. But some information is too critical to be passive about. Sequestration studies highlight the dangers we're facing, proven in multiple ways. So, while I stick to unbiased facts, my goal is to spark conversation and action. Sometimes, science just needs to shake things up and add some flare. Incorporating new knowledge quickly is crucial. As you read, I think you'll understand why. If not, well, step aside. The academic truth on sequestration is clear, and there's no room for nonsense, not anymore.

CONTENTS

COMPLETE MITIGATION SCIENCE 5
RESURRECT TITANS? SOUNDS DANGEROUS 3
CLIMATE AUTOPSY AND CAUSE OF DEATH 5
EARTH'S TO-DO LIST: 17
A CLIMATE OGRE? YES, BECAUSE THE LORAX IS A WIMP 24
TO START: TRY EXPLAINING "CMS" TO ANYONE 31
ROCKET TO ANOTHER DIMENSION 46
CLIMATE'S ALREADY MURKY PERCEPTION 51
WILL WE USE IT? THAT QUESTION INVOKES ABSOLUTE TERROR. 58
SO, WILL HUMANS USE SEQUESTRATION SCIENCE? 61
MORE PROOF OF CLIMATE CHANGING CONDITIONS 71
I HAVE SOME EXPLAINING TO DO 78
BRING ON THE TITAN'S 91
DEEP DIVE INTO THE DATA POOL 122
LET'S TUNE-UP EMISSIONS REDUCTIONS 130
MAKE BAD NEWS WORSE? YES, I'M GOING TO DO JUST THAT 138
TIME TO MAKE THE WORLD BETTER THAN WE INHERITED IT 152
VIEWING FOREST NOW 212
IT HAPPENED BADLY BEFORE; STOP MAKING IT WORSE 165
SCOTTY, I NEED WARP DRIVE NOW! 180
CRASH! IT'S NOTHING, BUT I CAN FIX IT 194
SURVIVING GLOBAL WARMING WITHOUT SEQUESTRATION IS A FOOL'S ERRAND 202
SOMETHING FOR EVERYONE 219
AN ELEPHANT IN THE ROOM 224
TIME TO CLOSE UP... FOR NOW 231
GLOSSARY 233
AUTHOR BIO 246
BIBLIOGRAPHY 250